印度心愛經

古印度身心靈的性愛哲學
Kama Sutra

Vatsyayana筏蹉衍那◎原著
張哲嘉◎編譯

華文網股份有限公司
（沃爾文化出版事業部）

We**ll** 沃爾文化

酷異 這個書系是有益進化思維的創造性事物

沃爾文化出版事業部
酷異02

印度心愛經－古印度身心靈的性愛哲學

Kama Sutra

原著	Vatsyayana筏蹉衍那
編著	張哲嘉
印行者	沃爾文化
發行人	王寶玲
總編輯	嚴玉鳳
編 輯	Kate
出版者	華文網股份有限公司（沃爾文化出版事業部）
劃播帳號	19459863華文網股份有限公司
網址	www.book4u.com.tw
地址	台北市100博愛路36號3樓
電話	（02）2331-5200
傳真	（02）2331-5211
總經銷	彩舍國際通路　www.silkbook.com新絲路網路書店
地址	台北縣中和市建一路89號5F、6F
電話	（02）2226-7768（代表號）
傳真	（02）8226-7496

全系列書系特約展示：橋大書局　地址：台北市南陽街7號

新絲路網路書店：台北縣中和市中安街85號B1

初版一刷	2005年4月
定價	280元

國家圖書館出版品預行編目資料

印度心愛經：古印度身心靈的性愛哲學/筏磋衍那（Vatsyaybana）原著；
張哲嘉編譯---初版---臺北市：華文網，2005（民94）
面；公分，--（酷異：2）譯目：Kama Sutra
ISBN 986-127-381-6(平裝)
1兩性關係2愛3婚姻

544.7　　　　　　　　94005746

Kama Sutra

Chinese Translation Copyright©2005 by Well Publishing a division of Book4u Co. Ltd

Photographs on pages 17,41,63,125 from the Fitz William Museum, University of Cambridge

Illustrations copyright©2003 by ADELPHI EDIZIONI S.P.A MILANO

Illustrations published by arrangement with jia-xi books Co.,Ltd

All Rights Reserved

為什麼要讀愛經？

人們應該學習《愛經》（Kama Sutra），以及伴隨愛經而來，和包含在法與利中（Dharma and Artha）的藝術和科學。甚至是女孩們，也該在婚前伴隨著藝術和科學等學科，一起學習愛經。婚後，徵得丈夫的同意之後，繼續學習下去。

某些學者卻持相反的看法，並且表示，女孩不被允許學習任何的科學，也不該學習《愛經》。但是，筏蹉衍那卻認為這樣的看法不甚妥當，因為女人早已知道性愛的方法，這些方法都與《愛經》論述相符合，或者說是來自愛這件事情的本身。

筏蹉衍那非常強調女性在性愛關係中的地位，並且認為女人、妻子和藝妓是值得崇尚與讚許的，女人理應從親密的友人身上，學習愛經。女人如果有很好的天份，兼具姣好的外貌和其他的特質，並精通一些《愛經》的技藝，她就會被稱為 Ganika，也就是高級妓女。她能在男人堆裡得到榮耀，更甚者，這樣的人總能受到國王的尊敬，贏得學者的讚揚。她的愛好也將變成眾人追逐的事情，她也會變成眾所認同的尤物。王公大臣的女兒們，如果研習《愛經》的技藝，會倍受丈夫的寵愛，即使她們的丈夫後宮佳麗三千，還是會偏愛著她們。相同的，如果妻子和丈夫分開了，她也能輕易地獨立自主，即使隻身國外，靠著這些技藝，也可以自己幫助自己。

　　《愛經》也提到了一些關於男人在性愛上的知識，只要在特定的情況下練習一次，也能充分地吸引女性。那些熟悉這些技藝的男人，即便剛跟女性認識，也可以很快抓到對方的芳心。

　　《愛經》原書共闡釋六十四項招式，這六十四招有些已經失傳，有些仍保留在英國劍橋大學 FitzWilliam 美術館，本書則蒐集了四十多幅珍貴的古印度性愛圖，這些招式，多半和《愛經》所談到的內容相關連，而且與古印度文化，比如長期學習瑜珈的文化有關。

　　《愛經》中除了談到交合的技巧、男女的心理之外，也要求一段愛戀關係中，必須學習一些技藝以增加閨房樂趣，這些技藝包括歌唱、樂器演奏、舞蹈、用鮮花裝飾打扮神像、鋪排整理花床、鋪床、鋪展地毯和靠墊的藝術、捆紮頭巾、項圈，製作頭頂的裝飾和花結、閱讀；包含讚頌和詠嘆、擁有金銀珠寶的知識以及用潤滑油和香水裝扮頭髮和綁頭髮的技術等等，筏蹉衍那認為人人都應該要讀《愛經》，並且學習《愛經》中的技藝，筏蹉衍那的《愛經》，是史上第一本細膩刻劃「古印度男女閨房樂趣」和「古印度文化」的書籍，同時真正契合「身心靈性愛」意涵的書本，實為現代男女必讀的一本性愛經典。

對某些人來說，了解筏蹉衍那的《愛經》（Kama Sutra）是如何被發掘問世並譯成英文出版是一件十分有趣的事情，這個發現極其偶然。當這位十八世紀學者理查德‧伯頓與梵學家一起翻譯梵文《愛的階段》一書時，發現參考索引經常提到一個叫筏蹉衍那（Vatsyayana）的人，比如聖人筏蹉衍那是這個觀點，是那個觀點，聖人這樣說等等。自然，理查德‧伯頓與這群梵學家就想知道，這位聖人是誰。他們的研究結果是：筏蹉衍那的愛經論述是梵語文學中關於情愛這一問題的標竿，沒有他的著作，梵語文學書庫就不完整。不過在當代，要想將筏蹉衍那的論述完全記下來是相當困難的。

理查德‧伯頓在孟買當地得到的手抄本極不完整，於是便向貝拿勒斯、加爾各答、杰伊布爾等地的梵文學圖書館寫信要其他抄本。最終，理查德‧伯頓拿到了抄本，並且將這幾個抄本相互加以比較，並借助賈耶曼格拉的評論，終於整理好了全部抄本，於是乎，此版本公認為最完整的抄本，現今的英文譯本都是以此為藍本來翻譯。

下面則為梵學家的證明：「這本手稿是我在比較了四本不同的手稿之後確定下來的正確版本。我假賈耶曼格拉的評論校勘了這本書的頭五個部份，但卻發現，要繼續校勘其餘部份極其困難，因為，只有一本勉強稱為可用，其餘八本則遠遠談不上準確。然而，我採用的這個本子是在反覆比較了幾個本子並採用大致一樣的內容的基礎上定下的。」

　　《愛經》(Kama Sutra)，大約有一千兩百五十行，共分七篇，篇又分成章，章又分成節。而全書由七篇三十六章六十四節組成，事實上，關於原創者的生平事蹟，幾乎查不到任何事情，他的名字據認為叫摩拉那迦，筏蹉衍那是他家族的姓。在書中，他是這樣描述他自己的：「在閱讀和思索了由跋布羅維亞和其他古代作者所寫的書，並對其律條思之再三之後，我，筏蹉衍那，照聖訓的指導，為世界的利益，以全身心感知神的存在，當在貝拿勒斯過看宗教學生的生活時，寫作了本書。這本書不僅僅是用來作為滿足我們渴望的工具，一個熟悉了這門學科的人，維護他的法、他的利和他的慾，並注意到大眾的習俗，他就確實控制了他的感官。簡言之，一個注意到法和利的有識之士，也會注意到慾。他將不會成為感官的奴隸，並在他所能做的每件事中都獲得成功。」

　　要想確定筏蹉衍那的生活時期和成書日期簡直是不可能的。根據以下原因，大部分學者認為筏蹉衍那生活在公元一到六世紀之間。他在書中提到了薩達加尼‧薩達瓦哈納，昆塔爾的國王，以他的妻子的感情為由，用一種叫做 Kortari 的工具殺了他的妻子。筏蹉衍那引證這一案例來警告那些在受這種感情摧殘的女人。現在，人們大多相信昆塔爾國王生活於公元一世紀左右，因此，筏蹉衍那一定生活在他的身後。另一方面，Virahamihira 在他的《Brihatanhita》（註：此為古印度典籍）的第十八章裡，大量引用了筏蹉衍那關於愛的科學論述。現在，據考證 Virahamihira 這個人生活於公元六世紀前後，所以，筏蹉衍那的《愛經》一定成書於此時間之前。因此，

不晚於一世紀，不早於六世紀，是我們對筏蹉衍那生活時期的大約估計。

對筏蹉衍那的愛經一書，學者找到了兩本評論。一本叫《賈耶曼格拉》，另一本叫《句法經》。《賈耶曼格拉》的成書時間已確定為公元十到十二世紀，因為六十四藝中引用了一個例子是來自《詩光》，這本書大約寫成於公元十世紀左右。再者，我們所獲得的這本評論被證明是一本手稿的謄寫本，這個本子本來置於喬盧基國王毗沙拉提婆的圖書館中，從下面的句子中我們能引出事實：

「這裡，我們結束對筏蹉衍那的《愛經》中有關愛的藝術評論。這本評論本子來自國工毗沙拉提婆的圖書館，這是一位英雄的國王。就像阿周那第二，他是喬盧基家族最珍貴的寶石。」

現在，人們已經知道，這位國王從公元一二四四年到一二六二年統治看胡荼辣。因此，這本評論的成書之日不會早於十世紀，也不會晚於十三世紀。據說，這位作者的名字叫耶書陀羅，是他的訓導者為他起的名。看來，他寫這本書是在他與一位聰明而精明的女性分手的痛苦過程中寫下的，至少，他自己在每章的結尾之處是這樣說的。我們猜測，他是以與他分手的愛人之名字來為自己的書命名的，或者，這個名字與其愛人的名字的意義有某種聯繫。

這本評論在解釋筏蹉衍那的真實涵意方面最為有用，因為這位評論家看來對那些老作者極其了解，在某些地方給出了極為精確的信息。但是，另一本由那辛‧夏斯特里（**Narsing Shastri**）於公元一七八九年所著，名為《句法經》之書則沒有給出這麼多評論。那

辛‧夏斯特里是薩維什瓦‧夏斯特里（Sarveshwar Shastri）的學生，而後者是巴斯庫爾（Bhaskur）的繼承人，所以，這名評論者在其評論的每章末尾之處都自稱為巴斯庫爾‧那辛‧夏斯特里。他是奉學者拉賈‧弗栗蒙拉那（Raja Vrijalala）之命寫此評論的，那時，他正於貝拿勒斯定居。但是，這本書的價值並不值得評論，在書中的許多地方，這位作者顯出並不理解原作者的意思，在他評論中的許多地方，他甚至改變原書內容以適應自己的解釋。

可以確定的是：理查德‧伯頓與一群梵學家所翻譯的愛經原著，其譯文應與筏蹉衍那所留下的手稿內容絕大部分一致，也是目前最不失真的版本。

第一篇

總論

1 《愛經》初探

> 混沌之初，神創造了男人與女人，以戒律的形式制定了
> 法、利、慾三種規範人類存在的規則。
> 尊敬的至尊：法、利、慾

混沌之初，神創造了男人與女人，以戒律的形式，萬章
的篇幅制定了法、利、慾三種規範人類存在的規則。這些戒
律中稱為法的部份，由摩奴撰寫；利的部份則由橋提利耶編
著；與慾相關連的部份則由難蒂闡述，難蒂是摩哈代伐的追
隨者，他寫了一千章。

現在，難蒂所撰寫的這一千章《愛經》由烏德婆羅迦的
兒子，斯韋塔凱圖縮減為五百章，並由跋布羅維亞再減縮為
一百五十章，這一百五十章共分為七個專題：

一、總論

二、擁抱

三、男女和合

四、自己的妻子

五、他人的妻子

六、藝妓

七、誘惑技巧與春藥等

　　第六個專題是達塔卡應妓女之邀而闡述的，以同樣的方式，恰拉衍那解釋了頭一個部份，其餘幾個部份分別由下面這些人闡釋：

　　蘇瓦難那跋　　　　（第二個專題）

　　喬答卡摩迦　　　　（第三個專題）

　　恭尼諦亞　　　　　（第四個專題）

　　恭尼卡普特拉　　　（第五個專題）

　　彰古朱摩羅　　　　（第七個專題）

　　這些由不同作者撰寫的專題之原書已經伏失，達塔卡與其他一些分寫不同主題的著者所著的書，雖然更可以涵蓋跋布羅維亞的原著，卻因為該書的其長度難以掌握，所以，筏蹉衍那則撰寫了這本總括上述所有著者的《愛經》小冊子。

　　小冊子的內容如下：

一、總論

1.序

2.對法、利、慾三種才能的觀察

3.六十四藝研究

4.房舍和家具的安排，市民的日常生活，該市民的伴侶以及他所從事的娛樂等

5.適合或不適合與市民社交的女性階層

二、性愛交合

1. 由範圍而定出交合的種類，如性需求的強度和時間，以及不
   同的情愛

2. 擁抱

3. 愛吻

4.使用指甲

5.輕咬及不同國家女性慣用的情愛方式

6.各種躺臥的方式和交合的種類

7.不同激情方式和陶醉於激情的聲音

8.女性與男性的行為

9.嘴中含著男性生殖器

10.如何開始與結束交合、不同種類的交合與愛的爭吵

三、贏得嬌妻

1.訂婚與婚姻的觀察

2.增加女孩的信心

3.社交，及用外部動作來表達感情

4.只能由男人做的事及獲得女孩的方法，女孩拉攏一個男孩所
需做的事

5.不同的婚姻形式

四、關於妻子

1.一位高貴女人的生活方式及她丈夫不在家時的行為

2.年長的妻子對待丈夫其他妻子的行為、年青妻子對年長妻子
的應對，再婚寡婦的行為、不受丈夫喜愛的妻子的行為、國
王後宮女人的行為、有一個以上妻子的丈夫行為

五、別人的妻子

1. 男人與女人的特點：為什麼女人反對男人的裝扮、成功對待
   女人的男人、關於容易上鉤的女人
2. 與女人結識、拉攏她所需要做的努力
3. 測試女人的內心狀況
4. 媒人
5. 權威人士與他人妻子的情愛
6. 王宮後院的女人及留住自己的妻子

六、藝妓

1. 藝妓依靠男人的原因、使男人的需求接近自己的方式、
   熟悉不同男人的種類
2. 像妻子一樣與一位男人生活的藝妓
3. 獲取錢財的方式、戀人開始厭倦的信號、擺脫對方的方式
4. 與舊戀人重修舊好
5. 不同形式的得益
6. 得益與損失、塞翁失馬，焉知非福、不同類型的藝妓

七、誘惑他人的方式

1. 裝飾、征服他人的心與春藥
2. 激起需求的方式、擴大男性生殖器的方式、各式各樣的試驗
   與配方

　　這樣，就以七個專題結束了筏蹉衍那的《愛經》，它也可以被稱為是關於男人和女人、他們的相互關係以及彼此間交往的專題論文。

　　這的確是一本應該被所有人，不管是老年人還是年輕人仔細研究的著作。前者會在其中發現真正的現實，由經驗匯集而得，又已經被他們自己試驗過；而後者將從學習中得到極大的好處，他們所學到的東西有些也許永遠不會從別的地方學到，或者當他們學到時就已經太晚了。

　　我們可以公正地稱許該書教給了學生社會學和人文科學，更重要的是，它告訴了學生那些早期的思想，在經過時間沙粒的逐漸淘漉之後，似乎證明了今天人類的特性與很久以前人類的特性非常一致。

　　《愛經》是用樸實簡潔的語言寫成的。應該記住的是，在早期的時代，很明顯沒有要給它潤色的意思，既沒有用文學的方式、流暢的語言，也沒有不必要的贅述。作者言簡意賅地向世界講述了他所知道的東西，而沒有試圖描述一個有趣的故事。確實，在第三、四、五和六個專題當中包含了許多構成了過去歲月中的故事和傳說的基礎。

　　本書則整合了以上七個主題，重新編纂為四篇，包括第一篇總論、第二篇 論男女交合、第三篇論誘惑技巧、第四篇論女人與妻子，四篇分別表述了筏蹉衍那的精神：

＊將性愛與生活結合的精神。

＊鼓勵男女學會性愛技巧的精神。

＊增加男女交往的相互瞭解。

＊強調女人在性愛關係與生活中的地位。

　　據說，巴爾扎克（如果說不是最偉大的，那麼也是偉大的法國小說家）似乎繼承了對男人和女人感情的自然及本能的感覺，他可稱得上是科學家的分析。筏蹉衍那確信是對人文科學一定也有相當的了解，他的許多論點是如此簡單而又富有哲理，它們承受了時間的考驗。

② 法、利、慾

當法、利、慾三者結合在一起時，前者總是優於後者。

　　人在他生活的一百年時間裡，應在不同的階段內實踐法、利、慾，這樣，他們就能協調一致，不會發生任何的衝突。在兒童時期，他需要學習，在其青年和中年時期，他即應留意利與慾，老年時期，他應完成法，這樣，他就能獲得解脫且免去進一步的輪迴。或者，由於生活的不確定，他也可在他願意實踐的時候再實踐法、利、慾。但有一件事必須注意，直到他結束了他的教育，他都要過宗教學生的生活。

　　法，就是服從於聖典或印度聖經的指令，去做一定的事情，例如捨身，但是一般人會認為這種事不屬於這個世界，產生的是不可見的果，因而不常做。他還不能做另一些事情，例如食肉，但是一般人認為這是屬於這個世界的事情，具有可見的效果，因而常做。

法，應從聖典中學得，並精通它。

利，是藝術、土地、黃金、牛羊、財富、成套用品及友情的獲得，它更是所需求東西的一種保護及和那些東西的逐漸累積。利，可從國王的官員和商人那裡學習。

慾，是由與靈魂連在一起的心靈和聽、感、視、嚐、嗅這五

種感覺所構成的享樂。這中間的要素是感覺器官與物體間的特別聯繫，從這種聯繫而起的愉悅意識便是慾。慾，應從《愛經》中學習，從市民的實踐中學習。

當法、利、慾三者結合在一起的時候，前者總是優於後者。法，優於利；利，優於慾。但是，國王總是為了大眾的生活而首先實踐利，而慾，卻是妓女的專有物，她們重視它超過另外兩者。但這些都是一般規則以外的特例。

異議一：性愛不需要學習？

某些學者說，因為法是不屬於這個世界的事物，所以，最好寫進書中，利，也是如此，因為只有用完整方式的運用才能實踐這些事物，所以，對這些方式的了解只能從研究和書本中學得。但是，愛慾，卻是連低等動物都實踐的事，並在任何地方都能發現，因此，不需要任何關於這個題目的書籍。

問題的回答並不是如此。性的交合要依靠男人與女人，並要求他效們採用完美的方式，這些方式就得從《愛經》中學習。我們能見到，低等動物中並沒有採用完美的方式，這是因他們沒有相約而造成。低等動物中的雌類只在一定的季節才能交合，而且這種交合也不受任何思想的引導。

因此，筏蹉衍那的觀點是：任何人都要學習《愛經》以求愛與思想的的完美融合。

異議二：未來不存在？

洛卡耶底迦說：「人們不會遵守宗教習俗，因為那結的是將來的果子。」同時，人們也會懷疑，將來是否會有果子結。什麼愚蠢的人會將到手的東西又交到別人的手裡呢？更何況，今天有一隻鴿子比明天有一隻鳳凰更為好些，而我們已經獲得了一隻銅幣總比擁有一隻可能會有的金幣更為好些。

不過，問題的答案也不是如此。

首先，聖典，已經規定了法的實踐，並不容忍一絲懷疑。

第二，作為驅逐敵人或析雨的奉獻，也被視為一種結果。

第三，太陽、月亮、星星、行星和其它一些重物都顯得是有意地為世界的利益在工作著。

第四，這個世界的存在是男人的四個階層。和他們生活的四個階段尊重規則的結果。

第五，我們明白，種子扔進地裡，是為了將來的收成。

因此，筏蹉衍那的觀點是，必須要服從宗教的習俗。

3 技藝與科學

男人學習了技藝，能抓住女人的芳心，
女人學習了技藝，能得到男人的偏愛。

任何人，應該學習《愛經》，以及由此而來的許多技藝與科學，還應學習包含於法與利中的諸般技藝與科學。即使年青的姑娘們，也最好在婚前與其他科學一起學習《愛經》，婚後，徵得丈夫的同意，她還可繼續學習。

某些學者對此持有異議，他們認為，女性既不允許學習任何科學，也不能學習《愛經》。

筏蹉衍那認為：這種反對意見不對，因為女人已經了解了《愛經》的做法，這種做法源自《愛經》，或者說，源自愛這門科學本身。再者，不僅在這門學科中，在其他學科中也是這樣。對大眾來說，已經知道了某一門科學的運用，但卻只有少數人了解這門科學基於其上的規律和準則。因此，祭師，雖然不懂語法，但在不同的神祇面前演講，總能用詞得當，雖然他們並不知道這些詞是怎麼組成的。

一般百姓需要在良辰吉日盡他們的職責。這些吉日是由天文學確定的，但一般百姓也並不熟悉天文學。同樣，騎馬和象的騎士並不懂得訓獸科學，他們也訓練這些動物，他們懂得從實踐中學習。那些邊遠省份的居民也服從國王的法

律,因為他們知道,他們有一個國王,除此之外,無其他原因,從一般的經驗中我們發現,某些女性,例如王公大臣的女兒和一些妓女,也確實精通《愛經》。

因此,女人應當學習《愛經》,至少也應學習一部份,並從某些值得信賴的朋友那裡研究它,她可私下研究構成《愛經》一部份的六十四藝。她的教師可以是下列人中的一個:伴隨她一起長大之堂妹或表妹,並已結婚,一位在每件事上都值得信賴的女性朋友,或者,她的姨媽,她的年長女僕,甚或以前住在她們家中的女性朋友,以及值得信賴的姐姐等等。

下面就是要與《愛經》一起學習的技藝

＊歌唱

＊演奏器樂

＊舞蹈

＊歌、舞、樂器的結合

＊寫字繪畫

＊紋身

＊用鮮花裝飾和打扮偶像

＊鋪排整理花床

＊為牙齒、衣著、頭髮、指甲和身體染色

＊在地板上固定彩色玻璃

＊鋪床、鋪地毯和靠墊的藝術

＊在充滿水的樂杯上演奏

＊畫的製作、調整與裝飾

＊串薔薇冠、項鏈、花冠和花環

＊捆紮頭巾、項圈、製作頂飾和花結

＊舞台布景與演出

＊裝飾耳部的藝術

＊製作香水的藝術

＊珠寶與飾品在服裝裝飾上的合適位置

＊魔術或巫術

＊手工技巧

＊烹飪技術

＊以合適的味道和色彩製作檸檬茶、果汁和酸飲料

＊縫紉

＊調教鸚鵡，製花、浮雕和雕飾等，

＊解謎、隱語、難題等

＊學習接字遊戲，以前一人末尾字為自己開頭的字

＊模仿的藝術

＊閱讀，包括讚頌和歌唱

＊習繞口令

＊實習劍、棍、棒和弓箭

＊學習推論和比喻

＊木匠藝術

＊建築藝術

* 金銀珠寶的知識
* 化學與礦物學
* 為珠寶上色
* 礦石的知識
* 護善樹、植物‧確定年份的園藝知識
* 鬥雞、鬥鵪鶉、鬥公羊的技藝
* 教鸚鵡、八哥說話的技術
* 往身上塗粉香油膏的技術以及用潤滑油和香水裝扮頭髮和編頭髮的技術
* 懂得用密碼書寫和用特殊方式寫字
* 語言和方言技巧
* 製作花車
* 構製魔圖、演說符咒魘語
* 智力鍛煉，例如填句、安排詞組等
* 作詩
* 字典與詞彙的知識
* 變換方式和偽裝別人出現的知識
* 改變事物表面現象的知識，例如讓棉花看來像銀子，使普通的東西更為美好
* 運動技巧
* 關於社會規則的知識，以及如何向他人表示敬意
* 體育知識
* 從一個人的特徵了解一個人的知識

＊快速閱讀和構詞的知識

＊製作手工花朵

＊用陶土製人物和肖像

　　……等等

　　一位妓女，如果天分極高，又具有美麗的外貌和其他的素質，並精通上述技藝，她就會被稱為Ganika，即高等妓女（藝妓）。她也能在男人堆裡得到榮譽。更有甚者，她總能受到國王的尊敬，得到學者的讚揚，她的愛好也將成為眾人追尋的東西，成為廣泛承認的尤物。王公大臣的女兒們學了上述技藝，將使她們的丈夫偏愛她們，即使她們的丈夫有成千的妻妾，但還是偏愛她們。同樣，如果妻子與丈夫分離了，她也能輕易地好好過生活，即使人在國外，靠這些技藝，她也能自助。一個男人如果僅有一點知識，而且僅僅在特定情況下練習過，他也能吸引女性。而那些熟悉這些技藝的男人，即使僅僅與女性剛剛認識，也能很快抓住她的芳心。

4 市井生活

> 男人將有一間房屋，而女人將裝扮房屋。

完成了學習之後，一個男人，獲得了從贈與物、征服、買賣、儲蓄，和承襲而來種種財富，他就會成為一位家主，並過市民的生活，他將在城裡、村子裡、高尚人家住區附近、或人多的熱鬧去處得到一所房屋。這住所將坐落於水邊，並由不同的用途分成不同房間。房子周圍將要有一個花園，還要包括一間朝外和一間朝內的屋子。

內屋將由女性佔據，而散發香水芳香的外屋將放置一張床、一張沙發，並鋪上一張乾淨的床單，撒上花環與花束的床上方張開著天篷，上下各放一張靠墊。邊上還要有張椅子，椅子邊有張小几，几上放芳香的過夜香油、鮮花、裝洗眼睛的罐子和其他一些零星物品以及讓嘴巴有香味的東西和香稼樹皮。躺椅邊上，還擱置一個痰盂，一個盛滿裝飾品的小盒，牆上有一象牙掛鉤，上掛一張琵琶，還有一塊繪畫用板，一罐香料，一些書和黃花做的花環。離躺椅不遠的地上，擱著一張圓凳，一台玩具馬車，一副擲骰板。外屋的外邊，有一鳥籠，還有專門分開的一個地方供紡織、雕刻等消遣。花園中還有一個旋轉鞦韆和一個普通鞦韆，還有一座爬滿鮮花的涼亭，亭中有一個整理得可供休息的花壇。

現在，我們的這位家主，正在清晨中起床，開始做他一天當中必須的活動。他先刷了牙，又往身上噴了些香料，再戴了些裝飾品，並在眼臉上下塗了一些香水，在嘴唇上塗紫膠蟲製的色彩。最後，他在鏡中仔細地審視看自己。這些都做完後，他又嚼了檳榔葉，以便增加嘴中的香味，這才開始他的日常工作。一位家主，應該每天沐浴，每隔一天用油塗擦身體。每三天塗肥皂沐浴，每隔四天理一次髮、修一次面，這一連串事情一件緊接一件，依次按時進行。

　　三餐分別按照恰羅衍那的說法，在上午、下午和晚上進行。早飯後，開始調教鸚鵡和其他的鳥，然後是鬥鶴、鬥鵪鶉和鬥公羊。午睡前，還要花點時間與門客、弄臣、密友娛樂一下。午睡後，我們這位家主穿上衣服、戴上裝飾品，花上整整一個下午，與他的朋友談天。晚上，將有一場歌會，爾後，這位家主將與他的朋友一起坐在預先裝飾好和噴了香的房間裡，等待女朋友的來到。當她來到他房間後，他和他的朋友將會熱烈歡迎她，並與她一起進行親切、和諧的談話。這樣，便結束了這一天的活動。

　　在某些特別吉祥的日子裡，市民們將在婆羅室伐底神廟中召集一次集會，集會中，將測試一下歌手們的技藝，特別是對那些最近才來到這個城裡的人，第二天，這些人都會得到某些獎賞。在此之後，他們是否繼續留在集會上表演，就要看公眾對他們的反應了。集會上的各個成員，不論是窮是富，都要在音樂會中扮演角色。對那些來參加集會的陌生人表示好客和殷勤，也是集會中各位市民的職責。上述情況也適合於所有其它的慶典。

　　同齡的男人們，有同樣的性情、才幹，喜歡同樣的消遣，具備相同的教育程度，與女孩們一起座談，或在一次市民集會中坐在一起，或在他們其中一人的居所內，互相談論最感興趣的話題，就稱為座談或社交集會。討論的主題一般是詩歌的成就，還要考考彼此的技藝知識，應邀而來的女性是最漂亮的，她們的愛好與這些男人們相同，而且，還具備

吸引眾人矚目的技藝。

　　一個使用跋布羅維亞提到的「六十四藝」手段的男人，會達到他的目標，並享受第一流的女人。即使他可在其它話題上侃侃而談，如果他不懂得「六十四藝」這一分支，那麼再有學問的人中他不會獲得什麼尊敬。一個其它知識都很貧乏，但是十分熟悉「六十四藝」技巧的人，在任何男人和女人的集會中都會成為領袖。熟悉「六十四藝」的人會被學者和藝妓所尊敬。由於「六十四藝」是受人尊敬、充滿魅力並可以增加男性與女性才能的，學會「六十四藝」的男人它們被阿朦梨稱為女人的愛人。一個擅長「六十四藝」的男人，會被他自己的妻子、被其它人的妻子們、被藝妓充滿愛意地對待。

下面則是作為消遣和娛樂所做的事：

＊為向不同的神祇表示敬意而舉行慶典

＊男女社交集會

＊酒會

＊野餐

＊其他消遣

＊慶典

第二篇

論男女交合

1 高水平的藝術

> 高水平的藝術就是要確定什麼會給她們帶來最大的快樂
> 以及哪些特別的東西是她們最為喜歡的。

高水平的藝術就是要確定什麼會給女人們帶來最大的快樂以及哪些特別的東西是女人們最為喜歡的。交合可以比喻作一場爭吵，必須考慮到愛的特性以及能引起辯論的要點。帶有感情的擊打部位是身體，在身體上能引起敏感的特殊地方如下：

身體上能引起敏感的特殊地方：

＊肩膀

＊頭

＊兩乳之間

＊後背

＊性器官，即身體的中部

＊身體側面

擊打有四種類型：

＊用手背擊打

＊用指稍稍曲起擊打

＊拳頭擊打

＊手掌心擊打

由於擊打會引起疼痛，所以，它會引起各種各樣的嘶嘶聲。

包括八種聲音：

1.哼哼聲

2.雷鳴聲

3.咕咕聲

4.哭嘆聲

5.撲撲聲

6.啪啪聲

7.噓噓聲

8.撲拉聲

除了這些，也有一些有意義的詞，如「好」，還有那些表示禁止、滿足、自由的慾望、痛苦或褒獎的詞，此外還應加上那些像斑鳩、杜鵑、綠鴿子、鸚鵡、黃蜂、麻雀、火烈鳥、鴨子以及鶴特叫聲的聲音，以上都可以偶爾用上。

當女人坐在男人膝蓋上時，男人用拳頭打她的背部。她則應回報以拳擊，責罵這個男人，好像她生氣了似的，同時嘴裡發出咕咕聲和哭嘆聲。

就好比當女人在進行交合時，男人應該用手背撫摸她兩乳之間的那片空間，開始時速度較慢，然後與增長的興奮情

緒成比例加快，直到結束。

在這種時候，可發出哼哼聲和其它聲音，根據習慣交替進行或是選擇進行。當男人發出啪啪聲，將手指稍稍收縮起來擊打女人的頭部時，就稱為Prasritaka，意思是手指稍彎曲地擊打。在這種情形，合適的聲音是咕咕聲、啪啪聲以及撲撲聲等從嘴的內部發出的聲音，而在交合結束時則是嘆息聲和哭泣聲。啪啪聲是模仿竹子爆節時的聲音，而撲撲聲則像是什麼東西掉進水裡時發出的聲音。

當親吻以及諸如此類的事情開始時，女人總是應該用噓噓聲來給以回答。當興奮起來的時候，若女人不習慣擊打，她就會連續地吐出一些表達禁止、滿足、或自由的慾塑的詞語，也會說些詞語，再混雜上嘆氣聲、哭聲以及雷聲。在交合快要結束時，應該用張開的手掌心稍稍用力地按壓女人的胸部、性器官以及身體側面，直至結束，然後應該發出一些像鵪鶉或是鵝叫的聲音。

男人的特性據說是包含粗魯和急躁，而虛弱、柔軟、敏感以及要遠離不愉快事情的傾向都是女人的重要特徵。感情的激動和特殊的習慣有時會引起相反的結果出現，但這不會持續很久，最終會復歸至自然狀態。

胸部放上喫子、頭上放剪子、臉頰上放刺戳工具以及乳房和側面上放鉗子，也可以考慮成另外四種擊打模式，這樣就一共有了八種方式。但是這四種帶有器械的擊打方式是南部國家的人所特有的，在那些國家女人的胸脯上可以看到它

們留下的記號。它們是一種區域性的特殊事物,但是筏蹉衍
那的觀點是,它們的實施是痛苦、原始而且低級的,根本不
值得仿效。

同樣地，任何具有區域性特點的東西，並不總是應該被別的地方採用的。即使在已經實行得很流行的地方，也總是應該避免過度使用。下面給出使用它們危險例子：般曜羅的國王在交合時用喫子殺死了妓女摩塔婆犀那；昆塔拉國的薩達加尼・薩達瓦哈納王用一把剪子毀掉了他的王后摩臘亞婆提的生命；那羅提婆，手是畸型的，由於以錯誤的方式使用一件刺戳器械而使一位舞女失明。

筏蹉衍那說：「對於這些事情，既不可能一一列舉，也不能給出限制性規則。交合一旦開始，感情就會產生出這些可能的行動。」

「在交合過程中，由於動作的刺激而引起的這些被情慾所支配的行動以及色情姿勢或動作，是不可能限制的，並且就像夢境一樣不規則。一匹馬，一旦達到了運動的第五種程度，就會以盲目的速度進行下去，而不管路上的凹坑、溝渠和樁柱；同樣地，一對相愛的人在交合的熱情激勵下會變得盲目，絲毫不計是否過度的問題，而只是極其魯莽地進行下去。出於這一原因，一個十分熟悉愛情科學的人，一個明白他自己的力量以及年輕女人的柔嫩、急躁的人，應該採取相應的行動。各種各樣的享樂方式不是所有時候所有人都能用的，它們應該只在合適的時間以及合適的國家和地方使用。」

2 交合之始終

他應該讓她坐在他的左側，撫摸她的長髮，同時溫柔地
擁抱她。他們接下去應該進行各種主題的有趣對話。

在裝飾著鮮花並且充滿香水芬芳氣味且令人賞心悅目的
房間裡，主人在他朋友和僕人的陪同下接待女人，這女人在
來之前就已洗浴過並且盛裝打扮。主人會邀請她隨意吃些點
心和飲料。然後，他應該讓她坐在他的左側，撫摸她的長
髮，同時擺弄她衣服的鈕扣和下端，並用他的右手溫柔地擁
抱她。他們接下去應該進行各種主題的有趣對話，也可以建
設性地談一些通常在公共場合會被認為是粗俗的或不被提起
的事情。然後他們可以唱歌，或者伴隨一些姿勢，並演奏一
些樂器，談論一下藝術，並互相勸酒。最後，當這個女人被
愛和情慾所降服，主人應該讓陪他的人們離去，給他們鮮
花、油膏和檳榔葉子。

這就是交合的開始。在交媾結束的時候，戀人們稍帶羞
怯，彼此不看對方，各自走向浴室。在這之後，他們坐在各
自的座位上，應該吃些檳榔葉。主人應該親自用手往女人身
上抹些純檀香木油膏，或是某些別的種類的軟膏。然後他應
該用左手擁著她，用動聽的話語使她從他手上端看的杯中飲
酒，或者他可給她一些水喝。隨後他們可以根據他們的愛好

吃甜食、或其它東西，也可以喝新鮮的果汁、湯、粥、肉汁、果子露、芒果汁、帶糖的枸稼樹汁或任何不同國家喜歡的東西，是甜、軟、純的。戀人們也可以坐在房子或宮殿的陽台上欣賞月光，繼續進行甜蜜的對話。在這種時候，當女人躺在他的膝蓋上，並且臉朝看月亮時，男人就應該指給她不同的行星、啟明星、北極星以及大熊星座等等。這就是交合的結束。

交合有下列類型：

愛之交合

持續愛的交合

機械式的交合

投射式的交合

像太監一樣的交合

不誠實的交合

自發的交合

愛之交合

若一個男人和一個女人，彼此相愛已經有一段時間，很困難地才在一起；或者當兩人中的一個從旅途中歸來；或是在一場爭吵後分離了，現在又和好如初，那麼這時的交合就稱為「愛之交合」。它可以根據戀人們的喜好進行，而且想要多久就可以多久。

持續愛的交合

　　若兩個人在一起時，他們彼此的愛才剛剛開始萌芽，那麼他們的交合就稱為「持續愛的交合」。

機械式的交合

若男人進行交合時，能用「六十四藝」的方法（例如親吻等等）來刺激自己；或者一個男人和一個女人在一起，可是實際上他們都迷戀的是另外的人，那麼他們交合就稱為「機械式的交合」。在這種時候，《愛經》中提到的方法和手段都應該用上。

投射性的交合

若一個男人在與女人交合的時候，從開始到結束始終想像著他是在享受另一個他所愛的女人，這就稱為「投射性的交合」。

像太監一樣的交合

若一個男人與一個比他地位卑下的女人，如女運水工或是女僕交合，這種交合僅僅只持續到慾望得到滿足時，就被稱為「像太監一樣的交合」。此時，外部的撫摸、親吻以及一些做愛前的準備都不會使用。

不誠實的交合

在妓女和鄉下人、市民與農村或鄰國女人之間的交合，被稱為「不誠實的交合」。

自發的交合

發生在兩個彼此迷戀的人之間，並且根據他們自己的喜好而進行的交合，被稱為「自發的交合」。

下面談談愛的爭吵之開始與結束的秘訣。

一個對男人懷有深深愛意的女人，決不能忍受他提到情敵的名字，或是任何有關她的談話，或是被戀人誤用她情敵的名字稱呼自己。如果發生了上述情況，就會爆發一場大爭吵。這女人會大哭大叫，怒火衝天，揪自己的頭髮，搥打她的戀人，從床上或是座位上滾下來，把她的花環和裝飾品扔到一邊，最後躺在地上。

在這種時候，男人應該試試用撫慰的語言去平息她的怒火，並小心地將她從地上扶起，抱到床上。但是這時的她，拒絕回答他的任何問題，並且火氣越來越旺。她應該揪住他的頭髮向下拉一次、兩次，或踢他的胳膊、頭、胸脯和後背，然後就衝向房門。達塔卡說：她應該生氣地坐在門邊痛哭流涕，但是不應該衝出門去，因為這樣一走了之將是個錯誤。過了一段時間之後，當她認為戀人的撫慰語句和行動都已達到極致時，她就應該擁抱他，並用苛刻和責備的語言和他說話，但在同時又要顯示出一種做愛的慾望。

若女人在她自己的屋子，並與她的戀人發生了爭吵，她應該走到他面前去向他顯示她是多麼的憤怒，然後離開他。

在男人派遣門客、弄臣或密友在撫慰她之後，她應該和他們一起回到房間裡來，並和她的戀人一起消磨整個夜晚來結束愛的爭吵。

接下來談談不同類型的愛：

男人從人文科學中學習到的觀點是，愛有四種；

1.由連續習慣而得的愛

2.想像導致的愛

3.信仰導致的愛

4.身外物品導致的愛

由連續和經常進行的某種行動導致的愛被稱為經常實踐和習慣而得的愛，例如對交合的愛好、對打獵的愛好、對飲酒的愛好……等等。

對那些我們不習慣的以及完全出自頭腦的東西所感受到的愛，稱為想像導致的愛，例如某些男人和女人以及宦官對Auparishtaka（即口交）以及類似的事情如擁抱、接吻等等所感受到的愛。

雙方相互的、被證明是真實的愛，當彼此看待對方就像自己一樣，這種愛被學者稱為信仰導致的愛。

身外物品導致的愛是十分明顯的，並為大家所熟知，因為它提供的快樂要超過其它的快樂，而後者僅僅是由於它才存在的。

③ 交合類型

> 女性，從其情慾的意識上來說，感覺到了某種愉快，這
> 使她們得到了滿足，但是她們不可能告訴你她們感覺到
> 的是哪種愉快。

交合類型可以根據尺寸、慾望和時間來決定，如下：

1. 根據尺寸劃分的各種交合類型。
2. 慾塑的強度也決定交合類型。
3. 時間的長短也決定交合類型。

交合的方式：

男人根據其陰莖的大小可分為三種：野兔型、公牛型及公馬型。

女人根據其陰道的深度也可分為：雌鹿型、母馬型和母象型。

這樣，在相應尺寸的人之間存在著三種相等的交合，而在不同尺寸間存在六種不等交合，一共有九種，如下表所示：

相等交合

男人	女人	交合類型	姿態
野兔型	雌鹿型	相等交合	優
公牛型	母馬型	相等交合	優
公馬型	母象型	相等交合	優

不等交合

男人	女人	交合類型	姿態
野兔型	母馬型	低位交合	尚可
野兔型	母象型	最低位交合	不佳
公牛型	雌鹿型	高位交合	中等
公牛型	母象型	低位交合	尚可
公馬型	雌鹿型	最高位交合	不佳
公馬型	母馬型	高位交合	中等

在這些不等的交合中，當男人在尺寸上超過女性時，如果與他交合的女人在尺寸上緊挨著他，則稱為高位交合，這種情況有兩種；而若他與尺寸離他最遠的女人交合，則稱為最高位交合，這種情況只有一種。另一方面，如果女性在尺寸上超過了男性，則她與尺寸緊挨她的男性交合被稱為低位交合，這種情況有兩種；而她與尺寸離她最遙遠的男人的交合則稱為最低位交合，這種情況也只有一種。

　　換句話說，公馬型和母馬型，公牛型和雌鹿型，形成了高位交合；而公馬型和雌鹿型則形成最高位交合。在女性這一方面，母象型與公牛型，母馬型與野兔型，形成低位交合，而母象型與野兔型則形成最低位交合。

　　因此，根據尺寸可劃分為九種交合類型。在所有這些類型中，相等交合是最好的；那些最最高位和最低位交合是最糟的；其餘的則為中等，而其中又以高位。比低位為優。

根據感情或慾望的強度，也可劃分為九種交合類型，如下所示：

男人	女人	交合類型	姿態
小	小	相等交合	優
中等	中等	相等交合	優
強烈	強烈	相等交合	優
小	中等	低位交合	尚可
小	強烈	最低位交合	不佳
中等	小	高位交合	中等
中等	強烈	低位交合	尚可
強烈	小	最高位交合	不佳
強烈	中等	高位交合	中等

如果一個男人，在交合的時候慾望不強，精液稀少，並且不能承受女性的熱情擁抱，那麼他就是一個慾望小的男人。

那些與以上情形不同的人被稱為中等慾望的男人；而那些感情強烈的則充滿了慾望。同樣地，女人也有三種感情強度，和上面劃分的一樣。

最後，根據時間的長短也有三種男人和女人的類型：短暫的、中等時間的及長時間的；和前面陳述過的一樣，從中以可組合出九種交合類型：

男人	女人	交合類型	姿態
短暫	短暫	相等交合	優
中等	中等	相等交合	優
長久	長久	相等交合	優
男人	女人	交合類型	姿態
短暫	中等	低位交合	尚可
短暫	長久	最低位交合	不佳
中等	短暫	高位交合	中等
中等	長久	低位交合	尚可
長久	短暫	最高位交合	不佳
長久	中等	高位交合	中等

但是在最後一種交合分類上，也就是時間長短的分類，關於女性的感覺存在著不同的意見，應該加以說明。Auddalika說道：「女性不像男性那樣會射精。男性簡單地透

過射精去除了慾望；而女性，從其情慾的意識上來說，感覺到了某種愉快，這使她們得到了滿足，但是她們不可能告訴你她們感覺到的是哪種愉快。十分明顯的事實就是，男性在交媾時，射精後感情就平息下來並得到了滿足，但女性則並非如此。」

然而，這一意見遭到了反對，其理由是，如果男人是長時間型的，女性會更愛他一些；但如果男人是短時間型的，她就會對他不滿意。某些人說，這一事實證明了，女性也同樣射精。

但是這一觀點也不太站得住腳，因為如果男人需要很長的時間才能消除女人的慾望，而且在此期間她一直感受到極大的愉快，那麼十分自然地，她應該希望它延續下去。關於這一主題有如下一段短文：「透過與男人的交合，女人的渴求、希望和情慾得到了滿足。從對它的感知而衍生出的愉快稱為她們的快感。」

然而，跋布羅維亞的追隨者們則說：「女人的陰液從交合的開始到結束都持續地排出，所以正確地說，它必須如此，因為如果她們沒有陰液的話，就不會有胚胎。」

關於這點，也有反對意見。在交媾的開始女人的情慾是中等的，她不能承受愛人猛烈的衝刺。

但是逐漸地她的慾望增加了，直到她不再考慮她的身體，於是最終她希望停止進一步的交媾。

然而，這一反對意見也不太站得住腳。因為即使是很平

常的東西，如陶工的轉輪或是陀螺，在用很大力氣去旋轉它時，我們發現起初運動是很慢的，但是漸漸地它會變得十分迅速。而女人的情慾也按同樣方式逐漸增長，當所有陰液都排光時她會希塑中止交合。關於這一點也有如下一段短文：「男人射精僅僅只發生在交合結束時，而女人的陰液則連續地排出。在雙方精液都射完後，他們會希望停止交媾。」

最後，筏蹉衍邦的觀點是：女性的陰液和男性的精液以同樣的方式排出。

在此，某些人可能會問：如果男人和女人是同種生物，都致力於達到同樣的結果，為什麼他們必須做不同的動作呢？

筏蹉衍那說：「之所以如此，是因為男人和女人動作方式和愉快感覺是不同的。在動作方式上的不同，即男人是主動者，而女人是被動者，是決定於男性和女性的本質，否則，行動者有時會變成承受者，反過來也一樣。而從動作方式的差別上就帶來了快樂意識上的差別，因為男人這樣想，『我與這個女人交合了』，而女人則這樣想：『這個男人與我交合了。』」

可能有人會這樣說，既然男人和女人的動作方式是有差別的，那麼他們所感覺到的快樂，作為那些動作方式的結果，為什麼就沒有什麼不同呢？

但是這一反對意見是沒有基礎的。因為，動作者和動作承受者是不同種類的人，就他們的動作方式來說有理由存在

差別；但是就他們感受到的快樂來說則沒有任何存在差別的
理由，因為他們都是很自然地從他們完成的動作中感覺到快
樂。

關於這一點，某些人可能又會說，當不同的人做同樣的
事時，我們發現他們達到了同樣的目的。而與此相反的是，

在男人和女人的情形，我們發現他們每一個人是分別達到他（或她）自身目的的，這不能自圓其說。但這是一個錯誤觀點，因為我們發現，有時會同時完成兩件事情，例如在公羊的角鬥中，兩隻羊都同時在它們的頭部遭受到撞擊。在用一隻木果拋擊另一隻時，以及在摔角運動員的搏擊中也同樣如此。如果要說在這些情況下，參與的東西是相同種類，那麼可以回答道，即使是在男人和女人這種情況，這兩個人的本質是相同的。由於他們動作方式的不同僅僅只源於他們構造的差別，可以說男人與女人體驗了同一種愉快。

男人和女人，具有同樣本質，感覺到同一種快樂，因此，一個男人應該娶一個將從此永遠愛他的女人。

於是就證明了男人和女人的快樂是同一種類型。緊接著要討論的是，從時間的角度來說，存在著九種交合類型，與從慾望的強度來說，存在看九種類型一樣。

因此，相應於尺寸、慾望的強度及時間，分別存在九種類型的交合，透過它們的不同組合，可產生無數種交合類型。因此，在每一種特殊類型的交合中，男人應該使用那些他們認為適合於情況的方式。

在第一次交合時，男性的慾塑是強烈的，他的時間很短，但在同一天的隨後幾次交合中，情況就正好相反。然而對於女性，一切都是反過來的，因為在第一次時她的慾望較弱，於是她的時間也長，但是在同一天中的後續幾次，她的性慾增強而時間變短，直到她的慾望得到滿足。

4 躺臥方式與交合

一個足智多謀的人應該追隨各種野獸和鳥類的不同方式，使自己的交合方式成倍增加。

在「高位交合」的情形，雌鹿型女人躺下時應該儘量選擇把她的陰道張開的方式；而在「低位交合」中，母象型女人躺下時則應該儘量使其陰道收縮。但是在「相等交合」中，她們應該以自然姿勢躺下。上面所涉及的問題也適用於母馬型的女人。在「低位交合」中，女人應該特別使用一些藥物，這樣可使她的慾望盡快得到滿足。

雌鹿型女人有下述三種躺下方式：
　　＊大張開姿勢
　　＊裂著大口的姿勢
　　＊安陀羅的妻子之姿勢

當她把頭低下去，並把身體中部抬起來，這就稱為「大張開姿勢」。在這種時候，男人應該使用某些潤滑油，這樣可使進入較為容易一些。

當她把大腿舉起來，並且大大張開，然後進行交合，這就稱為「裂著大口的姿勢」。

　　當她把小腿曲起、大腿置於身體兩側，然後進行交合，這被稱為「安陀羅尼」式。這一姿勢只能從實踐中學得，並且也能用於「最高位交合」的情況。

「纏繞姿勢」，與「擠壓姿勢」、「盤旋姿勢」以及「母馬的姿勢」一起，可用於「低位交合」及「最低位交合」。

　　當男性和女性的小腿都向外伸直並彼此互相交迭，就稱為「纏繞姿勢」。它有兩種類型：側式和仰臥式，根據他們躺下的方式而定。在側式中，男性應該不變地以左側躺下，而讓女人以右側看地。觀察所有種類女人的姿態，都可看到這一規律。

　　以「纏繞姿勢」開始交合後，女人用大腿緊壓她的戀人，這就稱為「擠壓姿勢」。

　　若女人將她的大腿穿過她戀人的大腿，這就稱為「盤旋姿勢」。

　　若女人在陰莖插入後，用陰道使勁地緊握陰莖，這就稱為「母馬的姿勢」。這只能從實踐中學得，主要發現存在於因陀羅國家的女人中。

　　以上是跋布羅維亞提到的不同躺下方式。然而，蘇瓦難那跋又加以補充如下：

若女性將她的兩條大腿都向上筆直舉起，這就稱為「舉起姿勢」。

若她把兩條腿都舉起，並把它們放在她戀人的肩上，這就稱為「裂開大口的姿勢」。

若把腿收縮起來，然後又被戀人抱在他的胸前，這被稱為「擠壓姿勢」。

若她只伸出去一條腿，這就稱為「半擠壓姿勢」。

若女人把她的一條腿放在她戀人的肩上，另一條則伸直出去；然後又把後者放到他的肩上，把前者伸直出去，並且持續這樣交替做下去，造就稱為「竹子的爆裂」。

若她的一條腿放在頭上，另一條則伸出去，這就稱為「釘釘子」。這只能從實踐中學得。

若女人的兩條腿都收縮起來，並放在她的胃部，這被稱為「螃蟹的姿勢」。

若女人的兩條大腿都舉起來，並且一條放在另一條上面，這被稱為「打包姿勢」。

若把小腿一條放在另一條上面，這就稱為「像蓮花似的姿勢」。

若一個男人在交合的時候轉一個圈，同時繼續享受女人，並不離開她的身子；而她則始終摟著他的後背，這被稱為「旋轉姿勢」。這也只能從實踐中學得。

蘇瓦難那跋因而說這些不同的躺下、坐著及站立方式都應該在水中練習，因為在那裡動作要容易一些。但是筏蹉衍

邦的觀點則是：在水中交合是不合適的，因為它是被宗教法律所禁止的。

當男人和女人站著進行交合，用彼此的身體、或一面牆、或一根柱子支撐自己時，就稱為「支撐交合」。

若一個男人靠在一面牆上以支持自己，女人則坐在他手上，他的兩手交合在一起，從下面抓住她。同時她的胳膊接住他的脖子，她的大腿繞在他的腰上，她的腳觸在男人靠的牆上，她用腳來使自己運動。這就稱為「懸掛交合」。

若一個女人像隻四足動物一樣用手和腳一起站著，她的戀人則像公牛一樣爬在她身上，這被稱為「母牛的交合」。在這種時候，通常可在乳房上做的所有事情都可以在背部做。

用同樣的方式，可進行狗的交合、山羊的交合、鹿的交合、驢子的用力攀登、貓的交合、虎的跳躍、象的壓迫、野豬的摩擦以及馬的攀登。在所有這些情況中，行動應該模仿這些不同動物的特性。

若一個男人同時享受兩個女人，而她們兩個都同等地愛他，這就稱為「聯合交合」。

若一個男人一起享受許多個女人，這被稱為「一群母牛的交合」。

許多男人一起享受一個可能與其中之一結了婚的女人，或者一個接著一個，或者是同時。即，他們中的一個抓住她，另一個享受她，第三個用她的嘴，第四個則撫觸她的陰部，用這種方式他們可以交替持續享受她的好幾個部位。

　　同樣的事情可能發生在幾個男人坐著，有一個妓女陪伴或是一個妓女自己與許多男人一起的時候。

　　當國王後宮的女人偶然抓住了一個男人的時候，她們可能會以同樣方式做這樣的事。

　　南部國家的人還在肛門上進行交合，這被稱為「較低級交合」。

　　一個足智多謀的人應該追隨各種野獸和鳥類的不同方式來使交合方式成倍增加。對於這些不同種類的交合，應根據每個國家的習慣以及每個人的愛好去完成。它將在女人的心中產生愛情、友誼和尊敬。

5 擁撫之道

即使那些在《愛經》中沒有提到的擁抱，在享愛性快樂
時也應該試著嚐試，只要它們在任何方面有益於增加愛
情或是性慾。

在一起的男人與女人，其擁撫有多種類型。《愛經》的
這一部份處理的是交合，也被稱為「六十四」藝
（Chatushshasht）。某些老作家說，之所以這樣稱呼，是因為
它包含了六十四章。其他人的觀點則是，這一部份的作者是
一個名叫般矇羅的人，而整理《梨俱吠陀》名叫「達沙苦行」
那一部份（包含六十四藝）的人也叫般矇羅，為了對《梨俱
吠陀》表示敬意，著作的這一部份就命名為「六十四」藝。
跋布羅維亞的追隨者們則從另一方面說，這一部分包含八個
主題，即：擁抱、親吻、用指甲或指頭抓撓、咬、躺臥、發
出各種聲音、充當男人的角色以及口交（Auparishtaka）。這
些主題的每一個都由八個種類組成，八乘八得六十四，因此
這一部分就叫「六十四」。但是筏蹉衍那肯定地說，因為這一
部分還包含下列主題，即：擊打、哭喊、交合時男人的行
動、各種交合以及其它主題，所以說叫它「六十四」純係偶
然。正如我們叫這棵樹為「Saptaparna」，即七片葉子，這種
葉子為「Pancharana」即五種顏色，但樹並非僅七片葉子，

葉子也並非五種顏色。

　　然而現在要討論的是六十四藝這一部分，而擁抱作為第一個主題，將首先予以研究。

擁抱，指的男人和女人相互的愛撫，它有四種類型：

　　觸摸　　　摩擦

　　衝擊　　　擠壓

　　每種情形下的動作都由代表它的名稱的那個詞的意思。

觸摸擁抱

　　當一個男人以某種藉口走到一個女人的前面或旁邊，並用他的身體接觸她的身體時，這被稱為「觸摸擁抱」。

衝擊擁抱

　　當一個女人在一個孤僻的地方，彎下腰來，就像要揀什麼東西一樣，她的乳房向下，男人則坐著或站著，用手抓住它們，這被稱為「衝擊擁抱」。

　　上述兩種擁抱僅僅發生在兩個沒有或不能相互自由交談的人之間。

摩擦擁抱

當兩個戀人慢慢走到一起，或在黑暗中，或在公共集會之地，或在一個偏僻的地方，他們彼此用身體互相摩擦，這被稱為「摩擦擁抱」。

擠壓擁抱

在上述情形中，若其中的一個將另一個的身體用力擠壓在一面牆或一根圓柱上，道被稱為「擠壓擁抱」。

後兩種擁抱只屬於那些知道彼此意願的人。

在約會的時候，能用到下述四種擁抱：

　　＊Jatatveshtiaka，即爬行動物的纏繞。

　　＊Vrikshadhirudhaka，即爬樹。

　　＊Tila-TandUlaka，即芝麻粒與大米的混合。

　　＊Kshiraniraka，即水乳交融。

「爬行動物的纏繞」一樣的擁抱

當一個女人攀在一個男人的身上，就像爬行動物纏繞看一棵樹似的，並把他的頭扳下來向看她的，希望去親吻他，同時嘴裡發出輕輕的噓噓聲，抱看他並充滿愛意地看著他，這被稱為像「爬行動物的纏繞」一樣的擁抱。

「爬樹」一樣的擁抱

當一個女人，把她的一隻腳放在戀人的腳上，另一隻放在他的大腿上，用一條胳膊摟著他的背，另一條搭在他的肩上，嘴裡輕輕吟唱、喃喃細語，希望能爬上去以便得到一吻，道被稱為像「爬樹」一樣的擁抱。

以上兩種擁抱發生在戀人站立時。

「芝麻粒與大米的混合」一樣的擁抱

當兩個戀人躺在床上，彼此緊緊擁抱，以致於其中一個的胳膊和大腿被另一人的胳膊和大腿環繞住，並且，正如可能的那樣，相互之間彼此摩擦，這被稱為像「芝麻粒與大米的混合」一樣的擁抱。

「水乳交融」一樣的擁抱

若一個男人和一個女人彼此之間深深愛戀，當女人坐在男人的膝蓋上，或坐在他前面，或坐在床上時，他們不考慮到任何疼痛或傷害，彼此緊緊擁抱，就像是要進人對方的身體中去似的，那麼，這就被稱為像「水乳交融」一樣的擁抱。

後兩種類型的擁抱發生在交合的時候。

跋布羅維亞就這樣告訴了我們上述八種類型的擁抱。

此外，蘇瓦難那跋又向我們指出了四種身體單個部位的擁抱方式，它們是：

　　＊腿的擁抱。

　　＊性器官的擁抱。

　　＊胸部的擁抱。

　　＊前額的擁抱。

腿的擁抱

　　當兩個戀人中的一個把另一個的一條或二條大腿夾在他（或她）的大腿之間用力擠壓，這被稱為「腿的擁抱」。

性器官的擁抱

　　當男人用他的性器官，即身體的中部擠壓女人的同一部位，並爬在她身上，或是用指甲或指頭抓撓、或咬、或擊打、或親吻，而女人的頭髮鬆散且披垂下來，這被稱為「性器官的擁抱」。

胸部的擁抱

　　當男人把他的胸部放在女人的兩乳之間，並用它壓迫她，這就稱為「胸部的擁抱」。

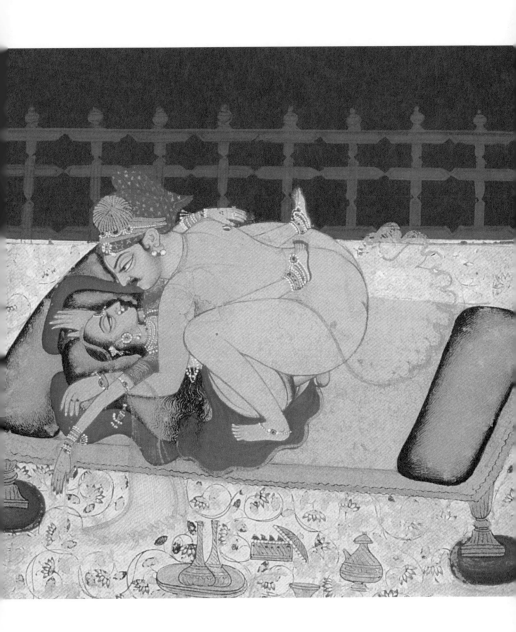

前額的擁抱

當戀人中的一個用他（或她）自己的嘴、眼睛及前額觸碰另一人的同樣部位，這被稱為「前額的擁抱」。

有些人甚至說按摩也是一種擁抱，因為其中存在著身體的接觸。但是筏蹉衍那認為，按摩是一種發生在不同時間，為了不同目的的行為，它還具有不同的性質，不能說是包括在擁抱裡。

擁抱的整個主題具有這樣一種特性，即對它提出問題的男人，或聆聽關於它的教誨之男人，或談論它的男人，都由此而產生一種要享受它的慾望。即使是那些在《愛經》中沒有提到的擁抱，在享受性快樂時也應該試著實踐，只要它們在任何方面有益於增加愛情或是性慾。《愛經》的規則只要是男人的慾望還處於中等時就適用，但一旦愛的車輪啟動，那麼就不再有《愛經》，也不再有規則。

6 愛吻之道

任何事情都可能發生在任何時候，因為愛情是不考慮時間也不考慮順序的。

某些人說，在擁抱、親吻、擠壓、用指甲或指頭抓撓之間是沒有固定時間及順序的，但是所有這些事情都應該在交合發生之前逐漸做完。而擊打以及發出各種聲音則應在交合時漸漸發生。然而，筏蹉衍那卻認為：任何事情都可能發生在任何時間，因為愛情是不考慮時間也不考慮順序的。

在第一次約會時，親吻以及上面提到的其它事情應該做得適度，它們不應持續很長時間，而應交替進行。然而，在後續的幾次中，則可發生所有這些動作的可能，適度是不必要的，它們可以持續很長時間，並且，為了點燃愛的烈火，它們可以同時發生。

以下是可親吻的地方：前額、眼睛、臉頰、喉部、胸部、乳房、嘴唇以及嘴的內部。此外，拉丁國家的人也親吻下列部位：大腿根部、胳膊以及肚臍。但是筏蹉衍那認為：雖然這些人出於其愛情的強烈程度以及他們國家的風俗，在上述部位進行親吻，並不適合所有人使用。

對一個年輕姑娘來說，有三種類型的親吻：

　　＊名義上的親吻

　　＊令人心跳的親吻

　　＊接觸型的親吻

名義上的親吻

　　當一個姑娘僅僅只用嘴唇接觸到戀人的嘴唇，但她自己並不做任何動作，這就稱為「名義上的親吻」。

令人心跳的親吻

　　當一個姑娘，暫時將她的羞怯拋開一會兒，希望接觸到壓到她嘴上的嘴唇，她移動了她的下唇，但沒有動上唇，這就稱為「令人心跳的親吻」。

接觸型的親吻

　　當一個姑娘用舌頭觸及戀人的嘴唇，並且閉上了她的眼睛，把她的手放在戀人的手中，這被稱為「接觸型的親吻」。

其它作者描述了另外四種親吻：

　　＊直接親吻

　　＊彎式親吻

　　＊翻轉親吻

＊壓迫親吻

直接親吻

當兩個戀人的嘴唇彼此直接接觸，這就稱為「直接親吻」。

彎式親吻

當兩個戀人的頭彼此彎向對方，並且在這樣彎下時發生了親吻，就稱為「彎式親吻」。

翻轉親吻

當戀人當中的一個抓著另一人的頭和下巴，並把對方的臉抬起來然後親吻，這被稱為「翻轉親吻」。

壓迫親吻

當下嘴唇被用極大力壓迫時，就稱為「壓迫親吻」。

大壓迫親吻

還有第五種親吻，可稱為「大壓迫親吻」，它是用兩個指頭握住下嘴唇，然後，在用舌頭觸及它之後，又用唇以極大力壓迫它。

　　至於說到親吻，可下一個賭注來賭，看誰能首先咬到對方的嘴唇。如果女人輸了，她應該假裝叫喊，應該搖手把她的戀人推開，並且扭過身去背向他，與他爭辯說：「讓我們再打一次賭吧！」如果她這第二次又輸了，她應該表現加倍的煩惱。等到她的戀人喪失了警惕或是睡著了，她應該含住他的下唇，並用牙齒咬住以免它滑走，然後她應該大笑起來，發出很大的聲音，嘲笑他，為之手舞足蹈，並以開玩笑的方式說出她喜歡的東西，挑起眉毛，滾動眼珠。這就是親吻所能牽涉到的遊戲，但這同樣也能應用擠壓或用指甲及指頭抓撓、咬和擊打。然而，以上這種方式只能用於有著強烈感情的男人和女人。

　　當男人親吻女人的上嘴唇，而她則親吻他的下唇，這就稱為「上唇的親吻」。

　　當他們中的一個用他或她的嘴唇將對方的兩片嘴唇都含住，這被稱為「緊握親吻」，然而，一個女人僅僅只同沒有小鬍子的男人發生這種親吻。在這種親吻的情形，如果其中一人用他或她的舌頭碰到了另一人的牙齒、舌頭和愕，就稱為「舌頭之戰」。同樣地，也可用一個人的牙齒壓迫另一個的嘴唇。

　　根據親吻的不同身體部位親吻具有四類：適度的、收縮的、壓迫的和輕柔的，因為不同種類的親吻適合於身體的不同部位。

　　當一個女人在戀人睡覺時凝視他的面孔，並親吻它以表

示她的感情或慾望，這被稱為「點燃愛情的吻」。

當一個女人親吻她的戀人，而戀人正忙於事務，或正與她發生爭執，或正在注視別的某件東西，總之他的思緒可能飄向遠方，這被稱為「轉向遠方的吻」。

當一個深夜遲歸的戀人親吻他那睡在床上的心愛之人，以向她顯示他的慾望時，就稱為「喚醒之吻」。在這種情況下，女人可以假裝在戀人到達時正好睡著，這樣她就能了解他的意向，同時贏得他的尊敬。

當一個人親吻他所愛之人在鏡子裡、在水面上或在牆上的形像時，就稱為「顯示意願的親吻」。

當一個人在他所愛之人在場時，親吻坐在他膝蓋上的小孩、或一張肖像、或一幅畫、或是雕塑，這就稱為「轉移之吻」。

當晚上在劇院裡，或是在特權階層男人的聚會中，一個男人走向一個女人，若她是站著就親吻她手上的一根指頭；若她坐著就親吻她腳上的一個趾頭。或者當一個女人在洗她戀人的身體時，把她的臉貼在他的大腿上（好像她要睡著了似的）以煽起他的情慾，並親吻他的大腿或大拇趾，這被稱為「感情外露的親吻」。

戀人中的某一人可能對另一人做的事情，另一人就應該回報以同樣的事情。也就是說，如果女人親吻他，他就應該回吻之。

⑦ 手指的妙用

沒有比用指甲作記號和用牙咬對增加愛情更有效的了。

當愛情日益強烈之時，手指就開始發揮作用。嚐試用指甲擠壓或用它們抓撓身體就開始，它應該發生在下述情形：在出發去旅行時；在從旅途中回來的路上：在生氣的戀人怒火平息時：當女人喝醉時。

但是用指甲擠壓不是一件平常的事，比較適合那些感情極其強烈，也就是充滿感情的人。對那些喜歡它的人來說，它經常與啃咬一起使用。

根據所產生的痕跡之形狀用指甲擠壓，有下列八種類型：
 ＊音響
 ＊半月
 ＊圓圈
 ＊直線
 ＊老虎指甲或虎爪
 ＊孔雀腳
 ＊野兔的跳躍
 ＊藍蓮花之葉

用指甲擠壓的部位如下所示：胳膊窩、喉嚨、胸膛、嘴唇、性器官，以及大腿。

但是蘇瓦難那跋的觀點卻是，如果感情過度激烈，那麼不必考慮部位。

好指甲的特點是它們應該是明亮的、修整得很好、乾淨、完整、凸起、柔軟而且外表有光澤。

根據大小，指甲有三種類型：

＊小

＊中

＊大

大指甲：

使手顯得很優美，它的外觀能吸引住女人的心。這是孟加拉人所擁有的。

小指甲：

可以各種方式使用，它只能用於使人快樂的目的，是南部地區的人民所擁有的。

中等指甲：

包含有上述兩種特性，屬於摩詞剌人。

當一個人用指甲擠壓另一人的下巴、胸部、下唇或是性

器官時動作極其輕柔，以致根本沒留下抓痕或記號，只是身
體上的汗毛由於指甲的接觸堅立了起來，同時指甲自己發出
了聲音，這就稱為「日響或用指甲擠壓」。

這種擠壓用於年輕姑娘的情況，當她的戀人為她洗頭，抓撓她的頭部，並想要惹惱或嚇唬她。

用指甲在頸部和胸部留下的弧形記號，被稱為「半月」。

當印下兩個彼此相對的半月時，就稱為「圓圈」。用指甲留下的這一記號通常出現在肚臍、臀部上的小坑以及大腿根部。

一個小段直線形狀的記號，可留在身體的任一部位，被稱為「直線」。

這同樣的直線，當它彎曲時，如果刻在胸部，就稱為「老虎的指甲」。

透過使用五個指甲，可在胸部留下一個彎曲的記號，被稱為「孔雀腳」。做這個記號的目的是為了得到讚揚，因為要合適地刻出它，需要很高的技巧。

用指甲在胸部乳頭附近留下五個彼此緊挨著的痕跡，被稱為「野兔的跳躍」。

在胸部或是臀部留下的藍荷花葉子形狀的記號，被稱為「藍蓮花之葉」。

當一個人要出發去旅行時，在胸部或大腿上留下的記號，被稱為「記憶的標誌」。在這種情況下，通常用指甲刻上三或四道彼此緊挨著的直線。

除了上面提到的之外；也可用指甲作出其它種類的記號，正如古代作者所說，由於男人的技巧有無數種程度（這項技巧的使用是所有人都熟知的），所以就有無數種作這些記

號的方法。並且由於用指甲擠壓或作記號與愛情無關，沒有人能確切地說，到底實際存在著多少種用指甲作出的標記。筏蹉衍那說：之所以會這樣，是因為在愛情中需要變化，所以要借助變化來產生愛情。基於這一點，對各種方式和手段極其熟悉的妓女就變得使人嚮往。如果說在所有藝術和娛樂如射箭和其它各種活動中都尋求變化的話，那麼在這種情況下，人們會追求多很多的變化。

指甲的記號不應留在已婚女人的身上，但是為了回憶和增加愛情，也可在其私處留下某些特別標記。

當一個女人看著她身體隱秘部位上的指甲痕跡時，即使它們很陳舊，甚至幾乎要消失了，但她的愛卻再次清新地從心底生起。如果沒有指甲的記號來提醒一個人有關愛情的經過，那麼愛情就會減退，正如很長時間不做愛時會發生的情形一樣。

即使是一個陌生人，當他在一定距離時看到一位年輕女人的胸部上有指甲的標記，他會充滿對她的愛意和尊敬。

同樣，一個身體某部位上帶有指甲和牙齒標記的男人，會使女人的心受到感染，即使愛情一直那麼堅定。簡單地說，沒有比用指甲作記號和用牙咬對增加愛情更有效的方法了。

8 牙的妙用

所有可被親吻的地方,都是牙能發揮妙用的場所。

所有可被親吻的地方也就是可被咬的地方,除了上嘴唇、嘴的內部以及眼睛之外。好牙齒的特性如下:它們應該大小相等、有著賞心悅目的光澤、能被染色、有合適比例、無破損、尖端鋒利。

而另一方面,牙齒的缺陷是它們很鈍、從牙向外凸出、粗糙、柔軟、顆粒大、整套結構鬆散。

以下是不同種類的咬法:

＊隱藏之咬

＊腫脹之咬

＊點

＊點之線

＊珊瑚與珍珠

＊珍珠串

＊破碎的雲

＊公豬之咬

　　如果只有從被咬皮膚上的紅斑才能看出咬的痕跡，這就稱為「隱藏之咬」。

　　若皮膚兩邊都被咬，就稱為「腫脹之咬」。

　　若只用兩顆牙齒咬住皮膚上極小的一部分，就稱為「點」。

　　若這樣小的那部分皮膚是用所有牙齒去咬，就稱為「點之線」。

　　若咬時一起使用了牙齒和嘴唇，就稱為「珊瑚與珍珠」。嘴唇是珊瑚，而牙齒是珍珠。

　　若咬時使用了所有牙齒，被稱為「珍珠串」。

　　若由於牙齒之間的空隙，導致咬痕的圓圈上出現錯落有致的起伏，就稱為「破碎的雲」，這多半是印在胸脯上的。

　　若咬痕由許多彼此挨得很近的寬排記號組成，並且彼此間有紅色的間隔，就稱為「公豬之咬」，這多半是印在胸脯和肩膀上的。後兩種咬的方式適用於感情特別強烈的人。

　　下嘴唇是印上「隱藏之咬」、「腫脹之咬」以及「點」的地方；而臉頰上則適合於「腫脹之咬」以及「珊瑚和珍珠」。親吻、用指甲擠壓以及用牙咬都是左頰的裝飾，一旦說到「臉頰」這個詞，就要理解為左頰。

　　「點之線」和「珍珠串」適合於印在喉嚨、胳膊窩以及大腿根部；「點之線」更可以印在前額和大腿上的。

　　指甲留下的記號，以及啃咬下列東西──一件前額上的裝飾品、一件耳朵上的裝飾品、一束花、一片檳榔葉子或一片

多摩羅葉子，這些都是他心愛的女人戴過或是屬於她的東西
——是享樂慾望的表示。

在愛情活動中，男人應該做那些不同國家女人贊同的事
情。

中部國家（也即處在恆河與朱木拿之間的國家間的女人
本性十分高貴，不習慣不光彩的動作，也不喜歡甲指甲和用
牙咬。

巴希卡國家的女人會因擊打而傾心。

阿槃底跡的女人喜歡下流的作樂方式，她們沒有好的舉
止。

摩詞剌佬的女人喜歡練習「六十四」技巧，她們使用低
級粗俗的語言，並且也喜歡別人用同樣方式對她們說話。她
們享樂的慾望十分強烈。

華氏城（也即現代的巴特那）的女人與摩詞剌俘的女人
具有同樣的本性，但她們只是秘密地顯示她們的喜好。

達羅毗荼國家的女人雖然在性享樂的時候被摩擦和揉
壓，但陰液仍然流得很慢。就是說，她們在交媾時是很慢
的。

瓦納瓦錫的女人感情適中，她們玩過每一種享樂方式，
把自己的身體遮蓋起來，並咒罵那些說話低級乏味和粗俗的
人。

阿槃底的女人憎恨親吻、用指甲作記號以及用牙咬，但
是她們喜歡各種不同的交合方式。

馬爾瓦的女人喜歡擁抱和親吻，但不能留下傷痕，而且，擊打會使她們傾心。

阿比拉的女人以及處在印度和五條河之間（即旁遮普）的女人，Auparishtaka（即口交）會使她們神魂顛倒。

阿帕拉蒂卡的女人充滿慾望，並且慢慢發出「噓」的聲音。

拉丁國家的女人擁有更加急迫的慾望，也發「噓」的聲音。

Stri Rajya以及Koshala的女人充滿強烈的慾望，她們陰液大量流出，同時她們喜歡用藥物來產生這個效果。

安陀羅（Andhra）國家的女人有著柔軟的身軀，她們喜歡享樂，並且對色情娛樂有著喜好。

甘達（Ganda）的女人有著柔軟的身體，並且說話時很甜蜜。

蘇瓦難那跋的觀點是，某個人的本性所喜好的東西要比整個民族所喜歡的東西具有更重要的意義，因此，在這種情況下，不應考察國家的特殊風情。一個國家的各種娛樂、服裝以及運動會隨時間被另一個國家借鑒，這些東西必須想成是屬於原來那個國家的。

當一個男人用力咬一個女人時，她應該生氣地加倍用力回報他。因此，「點」應該回報以「點之線」，而「點之線」則回報以「破碎的雲」。如果她被極度惹惱，她應該立即與他開展一場愛的爭鬥。在這種時候，她應該抓住她戀人的頭

髮，把他的頭扳下來並親吻他的下唇，然後，充滿著愛的激情，她應該閉上她的眼睛，在不同的部位咬他。

即使是白天，並且是在一個公共聚會場所，當她的戀人向她展示她在他身體上咬下的記號時，她應該在看到它時就微笑。她應該面帶惱怒的表情向他顯示出他在她自己身上咬出的印記。如果男人和女人都根據對方的喜好來行事，他們彼此間的愛情即使過一百年也不會褪色。

9 口交（Auparishtaka）

在所有與愛有關的事情中，每個人都應該根據其國家風俗習慣以及自己的傾向而行動。

太監有兩種類型：一種假扮成男性，另一種則假扮為女性。假扮為女性的太監模仿她們的衣飾、語言、姿勢、嬌嫩、膽小、率直、軟弱以及羞怯。在女人性器官所做的交合，都在這些太監的嘴裡完成，這就稱為Auparishtaka。這些太監從這種交合中挖掘想像的快樂及生活享受，他們過著藝妓般的生活。在古印度有很多的太監都假扮成女性！

假扮成男性的太監把他們的慾望隱藏起來。當他們希望做什麼事時，他們就過按摩工的生活，這種太監抱住他正按摩的男人之大腿。此後，他觸摸男人的大腿內側和他的性器官。如果他發現這個男人的陰莖勃起了，他就用手按壓它，並暗自歡喜這種狀態。如果在了解了男人的意圖之後，男人沒有拒絕該太監向下進行，那麼太監就會自動去做交合的動作。然而，假使那個男人命令他去做這件事，那麼他就會與他爭論，最後只是很困難地同意。

此後，太監會一件接一件地做下列八件事情：

＊名義上的交合

＊咬側面

＊外部壓迫

＊內部壓迫

＊親吻

＊摩擦

＊吸芒果

＊吞嚥

在以上的動作結束時，太監會表達要停止的願望，但做完了一個，男人就希望他做下一個，在下一個做完之後，又接著做再下一個……。

若太監用手握住男人的陰莖，把它放在嘴唇之間，並來回移動他的嘴，這被稱為「名義上的交合」。

若太監將手指聚集在一起，就像植物或花朵的蓓蕾一樣，然後把它蓋在陰莖的頂端，接著用嘴唇，同時也用牙齒按壓陰莖的側面，這就稱為「咬側面」。

若男人希望他進行下去，太監緊閉雙唇擠壓陰莖的端部，並且親吻它，彷彿他要把陰莖找出來似的，這就稱為「外部壓迫」。

若太監被要求繼續進行，他把陰莖更進一步放人口中，並用嘴唇擠壓它，然後將它取出，這稱為「內部壓迫」。

若太監用手握住陰莖，然後親它，就像他是在親吻下嘴唇似的，這就稱為「親吻」。

在親吻過後，若他用舌頭把它整個觸摸一遍，又將舌頭來回添過它的頂端，這被稱為「摩擦」。

若他將陰莖的一半放入口中，又以同樣方式用力親吻並吸它，這被稱為「吸芒果」。

最後，在男人的默許下，太監將整個陰莖放入口中，並擠壓它至極端，好像他打算把它吞下去，這就稱為「吞嚥」。

在這種交合過程中，也可做擊打、抓撓以及其它事情。

Auparishtaka（咬）在古印度也被不貞潔和淫亂的女人、女伴隨和女僕（即那些沒有嫁給任何人，而是依靠按摩生活的人）使用。

阿矇梨（即古代今人尊敬的作者）的觀點是：這種Auparishtaka是狗的工作而不是男人的事，因為它是一種低級舉動，並且違反神聖經典的規則，但是筏蹉衍那認為，聖典的規則並不影響那些光顧藝妓的人，法律只禁止與已婚女人進行口交活動，至於對男性的傷害，是很容易就能康復的。

東印度的人不常光顧那些進行口交活動的女人。

阿喜掣多羅的人常去光顧這樣的女人，但不與她們做任何涉及到嘴的事。

沙祇城的人與這些女人做各種各樣的口交：而那揭羅的人不幹這個，但做其它所有事情。

在但河南岸上的蘇刺犀邦國家的人毫不猶豫地做所有事，因為他們說，女人有性就是不清潔的，對於她們的特點、她們的純度、她們的行為．她們的活動、她們的信仰或她們的語言沒有人能肯定。然而，女人並不因為這一點而被拋棄，因為宗教法律的權威認為她們是純淨的。宗教法律斷定，母牛的乳房在餵奶時是清潔的；雖然母牛的嘴，同時它的小牛的嘴也被古印度人認為是不乾淨的。同樣，當狗在打獵時抓住鹿時是乾淨的，雖然被狗接觸過的食物被認為是極其骯髒的。鳥在用嘴啄果子從而使它從樹上落下時是乾淨的，雖然被烏鴉和其它馬類吃過的東西被認為是不潔的。在交合的時候女人的嘴用於親吻和其它類似事情時是乾淨的。此外，筏蹉衍那認為：所有這些與愛有關的事情中，每個人都應根據其國家的風俗習慣以及自己的傾向行動。

某些男人的男性僕人與他們主人進行口交。某些彼此十分熟悉的市民之間也有這種活動。後宮的某些女人，當她們情慾激盪時，彼此會將用嘴放在陰部。某些男人對女人做同樣的事。親吻陰部的方法應該從嘴的親吻中學習。當男人和女人以互相顛倒的順序躺下，一個人的頭對著另一個人的腳，進行這種交合時，就稱之為「烏鴉的交合」。

妓女們放棄擁有優秀品質、慷慨和聰明的男人，而去迷戀低等的人諸如奴隸。口交，是永遠不應被有學問的婆羅門、執掌一個國家事務的大臣或是一個有良好榮譽的男人採用的。

　　某些男人，在某些地方和某些時候可以利用這些活動。因此，男人應該考慮到地點、時間以及他所要進行的舉動，同時還要考慮到它是否為他的性格和自己所喜歡，然後根據不同情況，可以進行也可以不進行這些事情。但是追根究底，這些事情做的時候是秘密的！

10 使對方愉悦的方式

當男人對女人做著那些他最喜歡的事時，他應該總是不
時去按壓那些會使她閉上眼睛的部位。

當女人看到她的戀人由於經常的交合而疲勞，不能滿足
她的慾望時，她應該徵得他的同意，讓他以背部著地躺下，
透過擔當男人的角色而給以幫助。她也可以為了滿足戀人的
好奇心或是她自己的新鮮慾望而這樣做。

有兩種方式來做這件事：其一，在交合的時候她翻過身
來，到戀人的身體上邊，以這種方式繼續交合而不妨礙交合
的快樂；其二就是從一開始時她就充當了男人的角色。在這
種時候，她頭上的花朵輕輕垂下，她的微笑由於粗重的喘息
而變得支離破碎，她應該用她自己的胸脯去壓戀人的胸膛，
並且頻頻低下頭去；以前男人經常做的事她應該一一回報以
同樣的動作。她應該回擊他並打趣地說：「我過去被你放
倒，被猛烈的交合弄得很疲勞，因此現在我也應該回過頭來
把你放倒。」然後她應該再次表現出她自己的羞怯、她的疲
倦以及她想停止交合的願望。

男人為了使女人愉快而做的事就稱之為男人的工作，它的內容如下：

當女人躺在他的床上，並且好像被他的談話分了神時，他應該鬆開她內衣的鈕釦，當她與他爭辯時，他應該透過親吻來壓制她。然後，當他的陰莖勃起時，他應該用手撫摸她的各個地方，來溫柔地擺弄她身體的各個部位。如果女人非常羞怯，又假使這是他們在一起的第一次，男人應該把他的手放在她的大腿之間，而她則可能把腿夾得很緊；又如果她是一個非常年輕的姑娘，他應該首先把他的手放在她的乳房上，而她則可能把她自己的手放在脖子上，用胳膊肘遮住它們。然而，如果她是一個有趣味的女人，他就應該做她所喜歡的事以及適合於當時情況的事。

之後，他應該握住她的頭髮，用手指將她的下巴抬起來並吻她。對於這件事，如果她是一位年輕姑娘，她就會變得羞怯起來，並閉上了她的眼睛。不管怎麼說，在交合過程中，他應該從她的舉動中得知什麼事情會使她感到愉快。

關於這點，蘇瓦難那跋說：當男人在交合時對女人做那些他最喜歡的事時，他應該總是不時去按壓那些她身上會使她閉上眼睛的部位。

女人得到滿足和快樂的標誌如下：她的身體鬆弛了，她閉上她的眼睛，她拋開了所有的羞怯，她顯示出了要使兩個器官儘可能緊地結合在一起的慾望。另一方面，她想要快樂

以及沒有滿足的標誌如下：她搖手，她不讓男人起身，她感覺沮喪，她咬他，她踢男人，在男人已經結束後還繼續動作。在這樣的情況中，男人應該在進行交合前用手和指頭摩擦女人陰道（就像大象用長鼻摩擦東西一樣），直到它變得柔軟，在做完這些以後，他應該繼續將他的陰莖放進去。

男人要做的舉動是：
＊向前運動
＊攪拌
＊衝刺
＊摩擦
＊擠壓
＊給予一擊
＊野豬的攻擊
＊公牛的攻擊
＊麻雀的運動

　　當兩個器官合適且直接地放在一起時，就稱為「器官向前運動」。
　　若用手握住陰莖，並讓它在陰道裡轉圈，這就稱為「攪拌」。
　　若把陰道放得較低，用陰莖衝擊它的較高部位，就稱為「衝刺」。

同樣的事發生在陰道的較低部位，就被稱為「摩擦」。

若用陰莖長時間地擠壓陰道，就稱為「擠壓」。

若把陰莖移到離陰道有一定距離，然後用力衝擊下去，這被稱為給予一擊」。

若陰道只有一部分被陰莖摩擦，就稱為「野豬的攻擊」。

若陰道的兩邊都用這種方式摩擦，就稱為「公牛的攻擊」。

若陰莖置於陰道中，上下頻繁地抽動而並不拿出來，這就稱為「麻雀的運動」，這發生在交合快結束時。

當女人充當男人的角色時，除了上面九種事情之外她還有下述事情要做：

＊鉗子

＊陀螺

＊搖擺

若女人用她的陰道將陰莖握住，把它向裡拖，擠壓它，並使它在裡面持續很長一段時間，就稱為「鉗子」。

在進行交合的時候，若女人像輪子一樣旋轉，就稱為「陀螺」，這只能從實踐中學得。

若男人將他的陰莖挺起來，而女人旋轉她的陰莖，在這種情況下，就稱為「搖擺」。

若女人感到疲倦了，她應該將她的前額放在她戀人前額

上，這樣就可不干擾交合的進程而得到休息。當女人休息時，男人應該翻過來，再次開始交合。

雖然女人是保守的，把她的感情隱藏起來，但當她到了男人的身上時，她就會表現出她所有的愛和慾望。男人應該從女人的舉動中找出她喜歡什麼姿勢以及喜歡對方以什麼方式對待她。

第三篇

論誘惑技巧

1 春藥與慾望

刺激慾望的裝飾應該根據每個人的喜好而製。

本節將討論關於激發慾望的方法，是古印度流傳過且能幫助性愛的藥方。如果一個男人不能使Hastini（即母象型女人）得到滿足，他不得不求助於各種手段來激發她的感情。在開始的時候，他應該用手或是指頭摩擦她的陰部，直到她興奮或感覺到愉快才開始與她交合，這是激發女人慾塑的一種方法。

或者，他應該利用某些戴在或繞在陰莖上以增加它的長度或粗壯程度的東西，這樣做使它能與陰道配合。根據跋布羅維亞的意見，這些裝飾應該用金、銀、銅、鐵、象牙、水牛角、各種木頭、錫或鉛製成，應該柔軟、冰涼、能激發性能力，並很適合原定目標。然而筏蹉衍那卻說：它們應該根據每個人的天生喜好而製。

以下是各種不同的性裝飾：

「臂章」（Valaya）：與陰莖大小完全一樣，外面做得很
粗糙，布滿球狀物。

「夫妻」（Sanghati）章：由兩個「臂章」組成。

「手鈪」（Chudaka）：把三個或更多的「臂章」組合在
　　　　　　　　　一起，以使它接近所要求的陰莖
　　　　　　　　　長度。

「單鎖」：是根據陰莖的尺寸，把單根金屬纏繞在陰莖上
　　　　　而成。

Kantauka或是Jalaka是一種兩頭開口的管子，中間是空
的，外表粗糙，布滿柔軟的球粒，用時繫在腰上並使之與陰
道側面配合。

如果弄不到這種東西，那麼用木頭做成的管子，或葫蘆
瓶的管狀頸，或用油和植物汁液使之柔軟的蘆葦，把它用繩
子繫在腰上，並和一排軟木片繫在一起，則也可以使用。

以上都是可與陰莖連在一起或直接用在陰莖上的東西。

南方國家的人則認為，如果不給陰莖穿孔，就不可能獲
得真正的性快樂。因此，他們就像為給嬰兒戴耳環在耳朵上
打孔一樣將陰莖穿洞。

當一個年輕男子準備給他的陰莖打洞時，他應該先用一
種鋒利的器具刺穿它，然後站在水中，直到血不再流出。晚
上，他應該與人交合，甚至更用力些，以使小孔清潔。之
後，他應該持續地用煎好的藥清洗這個孔，並往裡面塞小藤
塊以增加孔的大小，這樣逐漸使孔擴大，也可用甘草和蜂蜜
的混合物洗它，孔裡還應該塗抹少量的油。

男人可在陰莖的孔中放入各種形式的裝飾物，例如「圓

圈」、「在一邊的圓圈」、「木白」、「花朵」、「臂章」、「蒼鷺之骨」、「大象的刺棒」、「八球集合」、「髮鎖」、「四道會合」，還有其它一些根據其形狀和使用方法而命名的東西。

另外，我們也來談談使陰莖增大的方法：

如果一個男人希望使他的陰莖變大，他應該用某些長在樹上的昆蟲毛來摩擦它，然後，在連續十個晚上用油摩擦它之後，又再次同以前一樣用昆蟲毛來擦它。持續地這樣做下去，陰莖會逐漸脹大，之後他應該躺在吊床上，讓陰莖從吊床的網眼中垂下去。然後他應該用清涼劑使因腫脹而產生的疼痛消退。這種腫脹，被稱為「suka」，在達羅毗荼國的人中普遍存在並持續終生。

如果用下述東西： physalis flexuosa（酸漿植物）、茄子、雌性水牛的奶油等汁液等等來摩擦陰莖，將產生持續長時間的腫脹。

如果把油放入上述東西的混合物中煮沸，然後用它摩擦陰莖，也能產生同樣效應，且能持續很久。

將石榴籽、黃瓜、以及茄子與油一起在溫火上煮，然後用所得的油濕潤陰莖或摩擦它，也對陰莖的增大有效。

除此之外，其它的方法可從有經驗的人那裡學得。

因此，在閱讀了古代作家的文章之後，緊跟他們所提到的娛樂方法，筏蹉衍那寫下了一些關於「愛之科學目的之文字。」，如下：

「熟悉這一科學的人會注意到《法》、《利》、《慾》三大名書，留心自身的經驗，也聆聽別人的教誨，而不是簡單地聽從自己慾望的支配。對於那些我在這本書裡提到的在愛情中的錯誤知識，就作為學者的權威來說，我在提到它們之後就立即仔細地批評了它們並禁止它們。」

永遠不要採取一個行動，其唯一的理由就是它是科學所肯定的。應該牢記，科學的傾向就是，它所包含的規則應該依據特殊情況而定。在閱讀和思考過跋布羅維亞和其他古代作者們的著作並全面考慮過他們所給的涵意之後，根據神聖經典的教律，為了全世界的利益，筏蹉衍那，在致力於神學學生的生活時，全心地沉浸在上帝的默禱中，寫出了《愛經》。

這一著作並不打算僅僅只作為滿足我們慾望的工具使用。一個熟知這一科學的法則的人，一個把《法》、《利》、《慾》三大名書銘記在心的人，在注意到人們的實踐之後，肯定能超越感覺而致勝。

簡單地說，一個充滿智慧且深謀遠慮的人，留意於《法典》和《利論》，也留意《愛經》，他不會變成他感情的奴隸，一定會在他參與的每一件事上獲得成功。

② 擄獲對方的心

無論什麼時候，他給她禮物或從她那兒取來東西，他都
要抓住機會向她展示他的深情。

就像上一節所描述的，當姑娘開始以外露的暗示和行動
表達她的愛情，情人該以各種手段贏得她的芳心。比如：

彼此在遊戲或娛樂活動中初次相識時，男子要有意識地
握住姑娘的手，用各種不同的方式擁抱她，比如觸撫式擁
抱；當他們相聚在水中時，他可以潛入深處，悄悄地接近
她，他應該給她看增長的新葉，告訴她在長久的思念中他所
忍受的苦痛。

在聚會上或社交的集會上，他應該貼著她坐，以某種方
式愛撫她，把腳擱在她腳上，慢慢地可以撫摸她的腳趾，觸
碰她的指尖。如果這樣做成功了，可進而握住她的腳。當姑
娘偶爾替男子洗腳時，他也可以抓住她的手指，輕輕捏著。
無論什麼時候，他給她禮物或從她那兒取來東西，他都要抓
住機會向她展示他的深情。

當他們單獨待在一起時，在黑暗中時，他可以和她做
愛，表現出心靈不受任何壓抑的真實狀態。

無論何時，他們坐在同一張凳子上，他都該說：「我有
一些秘密告訴你。」那麼，當姑娘來到隱秘處聽他說秘密

時，他應該表達用言語無法表達的愛情。當他了解了姑娘對他的真實感情後，他就應該裝病，使姑娘到自己屋裡來說話。他要有目的地把姑娘的手放在他的眼睛和額上，找理由要姑娘為他準備禮物，乘機表白：「這個事情只有你能做，別人不能做。」姑娘要離開時，不必攔阻她，而要真誠地希望她再來，表現出渴望再見到她，這個深情款款的方法要持續三天三夜。

以後，姑娘頻繁地來作客時，可以和她作一次長談，就像喬答卡摩迦所說：「一個人雖然如此深刻地愛一個姑娘，如果不作多次交心的談話，他就不可能成功。」最後，男子發現姑娘已完全應允了，那他就可以開始享受她。就像人們常說的，女人在夜晚，在黑暗裡較少難為情，在黑暗裡她們渴望交合，不反對男人主動出擊，也只有在這樣的情形下才如此。

一個男子靠個人的力量去求婚是不容易的，就要利用姑娘的姊妹，或者姑娘所信賴的朋友，不告訴姑娘任何目的就把她帶到男子那兒，男子則按計行事。一開始就介紹自己的女僕給姑娘作朋友，和她一起生活，透過這女僕的與姑娘的互動來得到姑娘。

最後，男子在祭典上、婚禮上、市場、節慶、劇場、公共集會或諸如此類的場合透過姑娘的態度和行為表明了姑娘的心意，當姑娘獨自一人時，他就可以消受了。如同筏磋衍那斷言的，擁有天時地利的女人，不應該輕視自己的情人。

　　品德優秀的姑娘，雖然生在卑下的家庭，經濟不富裕，就像被父母遺棄的孤女，並不能得到公平的對待，但遵照她自己家庭和種姓的規矩，當她成人時，應該擁有自己的婚姻，這樣的姑娘努力去贏得堅強有力、形貌英俊的年輕人，或者她所認可的、性情柔弱而可能與她結婚的人，甚至不需要徵得他父母的同意。姑娘頻繁地和男子見面，他用這種方式所做的一切就像把自己推銷給那個男子，她母親也利用她的女友不斷促成兩人的會面。姑娘自己則爭取和男子待在靜謐處，閒暇時送他花束、檳榔子、檳榔葉和香水。她也要展示自己在性愛方面的技巧，還擅長洗浴、搔癢、按摩，她還要和男子談論他最熱衷的話題，討論拉攏姑娘、獲取姑娘歡心的方法。

　　雖然姑娘如此強烈地愛這個男人，她也不能全盤奉獻出自己。她不能率先揭開帷幕，姑娘不能失掉自己的尊嚴，失掉了自尊就會遭到嘲弄和蔑視。但是，如果男子表示了對她的傾慕，她應該施以回報，男子擁抱她，她也無須有異樣的態度，勇敢接受男子愛的表白，彷彿過去對男子的心思毫無所知。但如果男子企圖吻她，則應該予以反對；如果男子乞求姑娘，希望發生性關係，姑娘必須婉拒，只讓男子撫摸她的私處；男子不斷糾纏，她也沉著應對，不作讓步，但並不使男子絕望，免得他放棄追求。而這只適合姑娘能夠肯定自己真正被愛，她的情人的確願意做全部的奉獻，不會改變主意的情況。當姑娘決定把自己交給這個男子，勸他快和自己

結婚，在她不再擁有童貞後，她才把這一點告訴自己信賴的朋友。

見多識廣的姑娘應該和她喜歡的男人結婚，她了解的人會順從她，給她歡樂。但如果出自金錢的目的，依父母之命嫁給富家子而不考慮新郎的性格和外貌，或者嫁給一個有幾妻妾的人做妾，雖然他具有優良品質，順從她的意願，活動、強壯、健康，在各個方面急於討她歡心，她也不能和他心心相印。一個溫順的丈夫，即使他窮，相貌平平，也比那種相貌堂堂，風度翩翩但有三房四妾的人要好。富人有好幾個妻妾，那些人一般同床異夢，各懷心思，丈夫不受妻子信任。

看起來他們的生活熱鬧有趣，他們孤獨的心卻要向他人求援。心術低劣的人社會地位一落千丈，四處雲遊，這樣的人是不應該結婚的。妻兒成群的人和耽於玩樂的人都只在心血來潮時才會想念起某位妻子。在姑娘所有的情人中，品德優異而又為她愛的人才是她真正的丈夫，他只為她心醉神迷，因為這樣的丈夫充滿了愛心。

3 男歡女愛

> 一個聰明的男子，依靠自己的才能，悉心觀察女子的心
> 思和想法，那便戰無不勝了。

古代作家說，男子應該了解女人處事的技巧、真實性、純粹性和她的意願，其情感的熾烈或柔弱都源自她的體格，源自她的性格特徵。但是筏蹉衍那認為：人的體格和性格特徵只是一種誤入歧途的性格測試，女子應該由其行為來斷定性情類型，透過他們思想的表達或者身體的動作來判斷。

現在，作為一般的規則，恭尼卡普特拉指出女子墮入情網，愛上她所見過的每一個英俊男子，同樣，每一個男子一看見美麗的女子也會不分東西南北，由於各種因素的考慮，男子通常不會有進一步的舉動。

在戀愛中，下列情形對女子來說較為特殊。她不論對與錯地愛著，也不試圖說服男子以達到某些特別的目的。

此外，男子第一次巴結女子、向女子示愛，女人自然會有所戒備，即使她內心裡願意和這男子相好。但是，如果追求女子的嘗試可以花樣翻新，女子最終會點頭應允。

在男子方面，即使他已開始戀愛，出於道德的考慮和智慧的權衡，他也能控制住自己的情感。雖然他的心思只在這女子身上，他也不肯違背理智，即使別人試著去說服他。有

時候，他也會努力爭取贏得情感的依附對象，一旦嘗試失敗，他就離開她一個人走向未來。

同樣的道理，如果一個女子曾經有過戀情，男子常會變得冷漠起來，就像人們常說的，男子不喜歡自己輕易就能得到的東西，他一心只想那種付出艱辛的努力卻不可能得到的事物。

熱烈的愛分為十個等級，以下列標記來作區分：
* 愛的眼眸
* 心的傾慕
* 不斷的呼應
* 夜不能眠
* 衣帶漸寬
* 羞恥感的泯滅
* 瘋狂
* 昏闕
* 死亡

女子拒絕接受男子表白的原因有下列幾種：
* 希望得到後代
* 缺少機會
* 不同的生活階層
* 缺乏確定性，因為男子性浮躁

＊認為男子可能會情繫他人

＊認為男子太看重朋友

＊深知男子朝三暮四

＊因為男子是傑出人物

＊因為男子的強而有力或性情魯莽而生畏懼，女子則像小鹿
　般柔弱

＊因為男子聰明至極

＊瞧不起男子對世界缺乏了解

＊男子低劣的品性

＊討厭男子忽視自己的一往深情

＊強勢的女子認為男子膽小如兔，缺乏激情

＊因為男子激情澎湃

＊對男子的不完美感到失望

＊害怕一切顯露無遺

＊看到男子兩鬢蒼蒼幻滅

＊擔心男子被丈夫僱來考驗自己是否貞潔

＊認為男子道德感太強

　　以上原因任何一項都會導致男子不被女子信任，從一開
始，男子就該努力消除女子的戒備。例如，他的才能可能導
致女子的羞怯，那麼他就應把這種偉大和才能顯示為對女子
的熾愛和敬意。

女子對他懷有過度的敬重應該少於對他的親密和熟悉。因為他低劣的品性所帶來的困擾則可以用自身價值和智慧來改變。那些未受到格外注目而被忽視的人，那些心存擔憂的人可以適當地給他們一些鼓勵，提高他們的信心。

下面是一個男子希望得到女子的歡心所必須具有的幾點條件：

* 男子熟諳愛的藝術
* 男子有說故事的天賦
* 男子和女子青梅竹馬
* 男子有充分的信心
* 男子慷慨大方，饋贈禮物
* 男子健談
* 男子善解人意，投人所好
* 男子尚屬初戀，無戀愛史
* 男子的行為就像使者
* 男子洞悉彼此的弱點
* 男子為淑女所追求
* 男子和女性朋友相處融洽
* 男子形貌英俊
* 男子和女子比鄰而居
* 男子熱衷於性活動
* 男子是完美的情人
* 男子很晚才結婚

＊男子喜歡野餐或熱鬧的聚會

＊男子慷慨大方

＊男子像公牛般粗壯而受讚美

＊男子風趣而勇敢

＊男子在學問、容貌、品德和隨和諸方面都超過其他人

＊男子的服裝和生活態度都意味深長

　　源於自然本性的慾望，因藝術的激發而增長，智慧會驅逐所有的危險，使慾望變得堅實和安全。一個聰明的男子，依靠自己的才能，悉心觀察女子的心思和想法，改變她們拒斥男子的固執，那便戰無不勝了。

　　品德優秀的窮小子，出生於下層社會而又資質平庸的年輕人，只能看別人有錢，窮人們和在父母兄弟壓迫下的年輕人都不可能不經過艱苦的努力而結婚。除非青梅竹馬，從孩提時代起就贏得少女的心。例如，男孩脫離父母，和叔叔住在一起，試圖討好堂妹，或別的姑娘。雖然她以前已許配給別的人。這種贏得女人的方式，依喬答卡摩迦說並不罕見，因為達摩也是用這種方式完成終身大事的，就像採用別的婚姻形式一樣。

　　男孩開始向他所愛的姑娘求婚，就要把時間泡在姑娘身上，用各種適合他們年紀、身份的遊戲和娛樂活動使姑娘高興，像採集鮮花，製作花冠，做吃的、擲骰子、玩卡片、猜單雙、找中指、扔卵石等等所有流行的遊戲，遷就姑娘脾

性。除此而外，他還可以找七個人一起玩其他不同的遊戲，像捉迷藏，選種子，把物件藏在麥堆裡然後再找出來，裝盲人，翻跟斗，及各式各樣的遊戲，陪伴姑娘和她的女友。

男子也應向女性們顯示善意，使姑娘內心信任他，從而增加彼此的了解。但上述舉動應注意少向姑娘的堂表妹獻殷勤，因為一旦她被感動了，即使她明白男子的意圖，不會造成任何障礙，但有時候也會影響男子和姑娘的結合。她明白男子的真實品性，總和父母及姑娘的親屬談男子的優點，即使她不希望做這些。

依這種思路，男子應該做任何事情，只要是姑娘喜歡的；男子應該送她任何東西，只要是姑娘想要的。比如他可以找來其他姑娘罕見的稀奇珍寶送給姑娘，給她展示塗了不同顏色的球，及類似的珍奇古玩，送給她各種偶人，有布做的、木頭做的、水牛角做的、蠟做的、麵粉做的和土做的。還有炊具，其中有男女並列、或一對公羊（山羊、綿羊）的木框，用土、竹或木頭製作的聖殿，這些器物用以奉獻給不同的神靈。鸚鵡、布穀鳥、燕八哥、鵪鶉、公雞和鷓鴣的籠子，採水用的各種精緻的水桶，賦與奇情妙想的吉它，矮腳凳、紫膠、紅信石、黃油膏、朱砂、眼藥水，還有檀香木、番紅花、檳榔葉和檳榔子。這些東西應該在不同的時間，找到適當的機會送給姑娘，有些要私下給她，有些則可根據習俗公開地給她。簡言之，男子要用各種方式使姑娘認為自己是傾心傾力，願為她做任何事的人。

　　下一步他該爭取和姑娘在私下裡見面，告訴她秘密贈給她禮物的理由是擔心彼此的父母會不高興，然後可以再告訴她，他送她的禮物已經受到別人的覬覦。當姑娘的愛慕有增長的表示，同時希望聽到賞心的故事時，男子就要述說一個這樣的故事，隨人所願；或者姑娘對變戲法有興趣，他就要玩幾個騙人的招術讓姑娘吃驚；或者姑娘對各種技藝表演更好奇，他就要親自下海，使出渾身解數；姑娘喜歡聽演唱，他就要在月光節的那一天或姑娘離家後開始念家的時候，和姑娘在月光下共賞迷人的音樂，那時候，順便獻上一束鮮花，給她頭上戴上花冠，耳朵上掛上耳環。在這些場合，這些小禮物是必須要送的。

　　他也要教姑娘的堂姊妹男人所玩的六十四種快樂交合法，表面是誇口自己如何精於性技巧，盡可能有一個好名聲。年輕女子愛那些能夠白頭偕老的男子，他們英俊，漂亮，衣著華麗，就像人們常說的，女人雖然會墮入情網，但她們仍不會努力去贏得自己愛慕的對象。

　　知曉或察覺到女孩對男人情深意切的人，注意到姑娘表達情感的人，在能力所及的範圍內都該促成好事。他可以用小孩子遊戲的方式說服姑娘；用那個在他性技巧訓練下成熟的姑娘為事例，用那個透過求助於知心好友來愛某男子的姑娘為例子來說服她。

4 女子的心理

女子給男子機會，向他表露自己的愛情，男子會進一步
加深對女子的欣賞。

男子想要得到某個女子，他就必須檢視女子的心理狀
態，其做法如下：

如果女子在聆聽男子講話，卻又不以任何方式表示她自
己的看法，那麼，男子就該請一位中間人來說服她。

如果他們曾見過面，而第二次會面時女子打扮得較前2次
漂亮，或者在一個隱秘的地方和他相見，他就可以肯定女子
可能受某種力量的作用正悄悄地愛慕他。

一個允許男人接近自己的女子，自己又不甘心就範，而
且一拖就是很長時間，只能說是一個愛情上輕浮隨便的人，
但也屬於人類心性中常見的反覆無常。即使這樣的女子，對
她始終保持很密切的觀察了解還是能將之征服的。

女子尊重男子，同時也以保持自尊為理由避開男子的注
意，不會面、更不主動接近，要想得到這樣的女子何其難
哉，只能透過和女子保持親密的對話或透過聰明過人的中間
人來達到目的。

男子接近女子，而女子以尖刻的言詞辱罵他，那就該立
刻斷了相好的念頭。

　　女子辱罵男子，而同時她的行為卻又情意綿綿，男子可以任何方式與她相愛。

　　女子和男子在隱秘的處所相會，忍受男子的拳腳相加，也許只是一種假象，因為她內心裡尚舉棋不定。不必特別在意這一點，請以耐心和下述連續的努力來征服她：

　　如果女子碰巧在男子旁邊睡著了，他該用左手攬住女子，等她醒來時，看清醒的她是否會推開他，或者只是渴望

再次獲得他的擁抱而推開他。手臂做什麼能和腳的舉動等量齊觀呢？搞清楚了這一點，男子就該更緊地擁抱女子，如果她不願意接受這種擁抱，起身而去，但她第二天的舉動卻又一切如常，那麼他應當了解，女子願意接受他的愛。然而，如果女子不再出現了，男子就該試著透過中間人去做做解釋工作。如果女子消失了一段時間後又再度露面了，而且行動又和從前一樣，那麼男子可以認為她不會拒絕兩者的結合。

女子給男子機會，向他表露自己的愛情，男子會進一步加深對女子的欣賞。

女子表白其愛情的標記有如下幾點：

＊男子並未招呼女子，女子就主動和男子搭訕；

＊女子在隱秘處和男子私會；

＊女子說話時聲音顫抖、語無倫次；

＊女子的手指和腳趾被汗所浸潤，她的臉綻開喜悅的笑靨

＊女子用香波替男子沐浴，為男子摩頂；

＊女子用一隻手替男子沐浴，用另一隻手撫摸、擁抱男子；

＊女子靜靜地把手攔在男人的身體上，就像她被某種事物所震驚或者被疲乏所壓服；

＊有時候，女子把臉埋在男子的腿間。他們多半在一起洗浴，還不表示女子不情願把臉埋在男子腿間；

＊女子把一隻手攔在男子身上，一動不動，即使男子把她的手置於自己身體的某個部位，她也長時間的保持不動；

＊女子抵禦男子討好她的一切努力，最終她還會回來，像從前一樣替男子沐浴。

　　女子既不鼓勵男子向自己進攻，也不避開他息事寧人，但她隱居起來，待在一個僻靜的地方，那就必須請她親近的貼身女僕來伺候。如果男子召喚她，她也有相應的打算，那就必須透過老練的中間人來行事。但如果女子一言不發，無話可說，男子在進一步追求女子之前就必須深思熟慮。

　　男子首先要向女子作自我介紹，然後才能開始交談。可以向女子暗示自己的愛慕，如果發現女子善意地接受了這種暗示，那麼他就應該毫無顧慮地勇往直前。

姑娘總是用外露的言行來表達愛情，例如：

　　姑娘從不正眼看男人，一旦被男人盯上會羞紅了臉；

　　用一些藉口把手伸給男人看；雖然男人已從身邊走過，仍會偷偷地看男人一眼；

　　當男人問她問題時，她會垂下頭，以模糊不清的詞和不完整的句子來作答，使得男人長久地陪著她，當男人和她隔著一段距離時，她用特別的語調和自己的女僕說話，以此來吸引男人的注意，她也不會離開有男人在的場合，製造某種藉口讓男人看不同的稀罕物，非常慢地給男人講故事，以便能長時間和男人交談，親吻和擁抱她膝上的孩子，在女僕的前額上描劃美容的標記；

當僕人打趣她的愛情時，她會做出玩笑而又優雅的舉動；

女子應該信任情人的朋友，尊重他們，順從他們，對他的僕人也體現出善意，和他們交談，如果她成為女主人，保證僱傭他們工作，當他的僕人告訴她曾經愛過什麼人，她應該耐心地傾聽；

在僕人的誘導下進入男人的房舍時，助手們安排和男人閒談、玩耍時，姑娘避免使自己衣冠不整、髮髻蓬鬆的樣子為所愛的人看見，借女性朋友的手把男人想看的耳飾、戒指或花冠遞給男人，總是穿戴男人贈給她的衣物；要注意的是當女子父母注意別人的新郎時，男人會不高興；

不和參加那新郎聚會的人混在一起，也不和支持那新郎的人交往。

女子在初次見面時就以外露的行為向男子表達愛慕，那麼得到此女就不是難事。同樣，一個放蕩的女子用充滿愛意的詞彙表露心曲，而且公開以語言來表達愛情，那麼這樣的女子在一瞬間就能得到她了。對女性的了解，其是否明智、單純、或者自信，這條規則可以用來斷言那些公開表白愛情的女子是可以輕易得到的。

5 為伊人憔悴

如果女孩子還不了解交合的種種，他們就必須以極大的
精力待之。

按照古代作家的意見，女孩不是可以憑僱傭媒婆的方式
來輕易誘騙的。但別人的妻子透過媒婆的幫助比靠自身的努
力更容易得到。不過，筏蹉衍那對這種說法評價不高，他認
為，無論什麼時候，男子都應該積極投身到追逐愛情的遊戲
中，這很可能是行之有效的。只有當這種做法不具有實際效
用，根本不可能實施時，才可能僱傭媒婆來幫忙。就像人們
常說的，說話膽大、行為放肆的女子可以憑藉個人的努力來
贏得，那些不具有這種性格的女子則只能透過媒婆的幫忙來
爭取了。

現在，當一名男子展開了愛情的追求時，他首先該做的
是以下列態度去認識他所愛戀的女子：

無論是自然的巧合還是刻意的安排，他都該儘早安排兩
人見面。自然的機會就是一個人直接到另一個人的房間去，
特殊的機會是指在友人的屋子裡、或在同等級的人家裡、在
部長家裡、在醫生家裡，或者在婚禮儀式上、祭祀的場合、
節日慶典、葬禮和公園的集會上兩個人相遇相識。

他們就這樣相遇了，男子應該細心地照顧女子，就像要

以這種方式來表白自己的心意，讓女子了解自己的為人。他可以撇撇小鬍子，打幾個響榧子，滿身披掛飾物發出叮鈴的聲音，還可以咬咬下嘴唇，發出各種不同的暗示。女子盯著他看時，男子要和朋友述說關於她或其他女子的事，向女子顯示他的平易隨和，他也一樣喜歡快樂的事物。

當他坐在女子身旁時，有必要打打呵欠，扭著身子，縮成一團，像虛弱的病人似說話慢條斯禮，裝出對女子的言談不感興趣的樣子。意味深長的談話則應該和小孩子或其他的人說，卻意在使自己傾慕的女子聽見，使她了解自己的心曲。他應該做些明顯暗示她的標記，用手指、擁護和親吻她的孩子，用舌頭餵給他檳榔葉和檳榔子，用手指撫摸，逗弄她的下巴。這些舉動當然得在合適的時間和恰當的地點才能做。

男子應該深愛孩子，允許他坐在他的膝上，給他東西玩，也給他堅實的倚靠。和孩子談話的態度採取平等互敬的方式，這樣才能贏得女子的芳心，他也才能漸漸地了解女子，使他的言行看起來和他們之間的關係相稱。

其後，這種相互了解的需要成為他頻繁造訪女子的藉口。在女子不在現場但能聽見談話的場合，男子應該談論有關愛的話題。隨著他們的關係日趨親密，男子受托處置女子的存款和財產，每次從中取出一小部分，或者給她一些香料或檳榔，由女子替他保存。有了如此親密的關係，男子自當竭盡全力讓女子認識自己的妻子，讓女人在一起作推心置腹

的交談，只有她們女人單獨地聚在一處。

　　為了經常能在一起相見，男子便要做精心的安排。金首飾商、珠寶商、編籃筐工、染色工、洗衣婦等，一個工作要僱來為兩個家庭服務。他還得迫和服務的女子簽署商務合同，在這種假象下支付她長途旅行的費用，並要連續簽署此類合同，以便維持兩人在一起的合作。無論什麼時候，女子所想要的任何東西，或者是需要錢，或者希望接受某種技藝的專門訓練，男子要引導她並讓女子明白他願意為她做任何事情，給她錢，教她某種技藝，這些事情都在他能力所及。

　　同樣，他也應該維持和女子的同伴討論，談論其他人的行為和言論，就像檢視珠玉、寶石一樣。在這樣的場合，男子應該把女子所不熟悉的、值錢的東西展示給她看，如果女子開始和男子爭論東西的價值，就應該順著女子的話說，指出在任何方面他都贊同她的看法。

　　現在，就像上面所說的，在女子了解了男子之後，她就以身體各種外在的姿勢向他表達愛慕之情，男子也該竭盡所能把女子吸引到身邊。

　　但是，如果女孩子還不了解交合的種種，他們就必須以極大的精力待之，雖然在那些熟知交合的女子看來，小心翼翼純屬多餘，但對不諳世事的女孩子，男子行為謹慎卻是極為必要的。

　　一旦女孩的意圖明白無遺，羞怯感就被棄置一邊，男子開始用她的錢，互換服裝、指環，佩戴花朵。在這方面，男

子予以特別的用心，這樣的事做起來既漂亮大方，又富有深義。此外，男子還要接受女子贈與的檳榔葉裹著的檳榔子，參加聚會時，要求女子頭髮上插上花朵，或者手上拿著花枝。如果男子親自送花給她，那自然是甜蜜芳香的花，還帶著指甲或牙齒留下的印記。

男子大獻殷勤，幫助女子消除恐懼，漸漸地，就把她帶到隱秘的處所，在那兒可以擁抱她，親吻她，最終，在給她親吻的那一刻，或者在接受她親吻那一刻，在互換花朵的那一刻，他會觸摸、壓擠她的私處，他的種種努力終於有了滿意的結局。

男人費盡心機引誘一個女子，他同時就不能去引誘別的女子。但是，他在第一個女子身上取得成功後，會喜歡她一段相當長的時間，送她喜歡的禮物來栓住她的愛意，然後開始接近另一個女子。男子看見某女子的丈夫就住在自家附近，那麼他不應當喜歡這個女子，即使她很容易就能弄到手。明智的男人要珍惜自己的名譽，不要引誘那種善解人意的、膽怯的、不被信任，而被公婆嚴加看護的女子。

6 婚姻

男大當婚，女大當嫁，婚姻是社會生活的自然進程。

同一種姓的姑娘、處女依據神聖經典的訓誡完成婚姻大事，其結果便是受到法的尊崇和得到各種利益，子孫繁衍，姻親眾多，朋友遍佈，還有溫暖的愛。為這種種原因，男子所傾心相愛的姑娘應該有美滿的家庭，雙親健在，年齡上則比自己年輕三到四歲，姑娘應該生在受人尊敬的家庭，經濟厚實，廣交遊，親朋好友遍及各地。

她也應該是如此美麗，美的外貌，美的秀髮、美的指甲、美的牙齒、美的耳朵、美的眼睛、美的胸脯，身體上還帶有幸運的標記。增之一分則長，減之一分則短，沒有什麼太過缺乏，也沒有哪個部位虛弱得會引起麻煩。當然。男子也應該保證自己的健康壯碩，但無論怎樣，如喬答卡摩迦（Ghotakamukha）所說：一個已婚的姑娘（即不再是少女）從沒被愛過，這樣的事應該受到責備。

現在，為了和這樣美麗的姑娘結婚，男子的父母和親戚群策群力，雙方的朋友也都積極相助。朋友們提出女方的父母正在注意的弱點及可能出現的弱點，所有想和姑娘結婚的男子同時要頌揚甚至吹捧所有人的優點，祖先的、世代承繼的、朋友的，以便把自己推銷給姑娘的父母，特別是推銷給

與姑娘母親相親近的人。會有一個朋友假裝成算命先生，宣稱某某某福如東海、壽比南山，享盡富貴榮華，那副模樣便有幸運的預兆和暗示，天體運行都助以神力，從太陽的繁華人口一直進到黃道十宮，他的身體就標誌福星高照。其他朋友則要激起姑娘母親的嫉妒心，告訴她某某某可以找到一打比她女兒更好的太太。

姑娘應該做出賢妻的模樣，在婚姻上更要忍讓。當命運、暗示、預兆和他人的言語都令人心悅的時候，就像喬答卡摩迦所說，男子並不能不分時間和自己喜歡的姑娘結婚。在婚禮上我們常見到睡著的姑娘、哭喊的姑娘、逃出門外的姑娘，或者毀約與另一個人訂婚，這類姑娘本來就不該結婚。

姑娘到了當嫁的年齡，她的父母應該把女兒打扮得時髦可人，把她安頓在人皆可見的住處。每天下午，衣著和裝扮都恰到好處。父母還要給她找好娛樂、祭典和婚禮上的女伴，給她展示社交生活的樂趣。這些吉祥氣氛都是企圖和姑娘結婚的親戚朋友帶來的。

姑娘的父母以女兒初次的社交為藉口，把女兒介紹給那群男子。以後，他們等待好運的垂青，成功與否將決定未來日子裡他們女兒的婚姻。在這種場合，求婚者陸續光臨，姑娘的父母令他們沐浴、進餐，應該說，時機成熟，萬事都會發生。不能言聽計從，但總要三思而行。

於是，姑娘就出場了。男子或者根據鄉土習俗，或者按

照自己的願望，以神聖經典的訓誡為指南，在四種婚姻方式
中選擇一種，和姑娘結婚。

社交的歡愉就像完成一篇由別人起頭的文章，婚姻，人
生中華彩的禮儀應該既不高攀，也不遷就，只和我們的身份
相稱。高攀的男子婚後不得不像奴僕侍候妻子和她的親屬，
這樣的婚姻如何稱得上美滿。另一種可以非議的婚姻是男子
和他的親戚臨駕妻子之上，作威作福，同樣不能算明智的婚
姻。但是，男女雙方相親相愛，雙方的親屬也都互相尊重，
這才是本來應有的婚姻形式。因此，男子不能迫於親屬的壓
力高攀名門閨秀，也不能遷就不稱心的妻子，整天靠罵人過
活。

姑娘不能私下和她的情人頻頻會面，她應該用姊妹的來
傳遞信息，這可以理解為她充分地信任女性朋友，先前她已
經說服女伴為自己的利益效勞。在和男子會面的整個過程
中，姊妹們應該向他描述小姐高貴的出身、姣好的容貌，她
的美、天分、才能、對人性的了解，不能讓男子以為她是被
小姐派來推銷的，而應該激發男子心中對小姐的愛慕。對小
姐而言，她也應該高捧男子的優秀品德，她知道小姐喜歡什
麼樣的特殊氣質的男子，然後投其所好。因此，她應該對小
姐的其他情人表示輕蔑，談論他們父母的貪婪和放浪，他們
相互關係的反覆無常。她徵引許多古代小姐的例子，像沙恭
達羅等等，只嫁給與自己同種姓的情人，或者依循自己的選
擇。

　　她也應該告訴小姐那些嫁到大家庭去的女孩的事，因為同情敵爭風吃醋而變得不幸和悲慘，最終被拋棄。她可以進一步談論好的命運、持久的幸福、貞操、服從和對男子的愛。如果小姐愛上了這位男子，她應該竭力減輕她的羞怯和擔憂，消除她從這婚姻中可能獲致災難的懷疑。總而言之，她要告訴小姐男子對她的愛，他經常出沒的場所，男子為見到她所付出的努力，承擔起一個牽線搭橋的媒婆之全部工作，還得多次重複：「如果男子意外地要求你走開，那必定有什麼理由」。

　　一旦姑娘被說服，作為妻子和他一起出席公開的活動，他肯定會引起婆羅門的不滿。他得在地上鋪滿吉祥草，給婆羅門的怒火獻上祭口，按宗法的訓誡和女孩結婚。這以後，把結婚的事實通知他的父母，因為根據古代作家的意見，被這種不滿大大地壓制的婚姻畢竟不能被棄置一邊。

　　完婚之後，男子的親屬漸漸了解事情的過程，女方的親屬也被告知，這樣的通知方式他們只能同意這婚姻，而忽略這婚姻的習俗。這一切都完成後，他們會因為富有感情的禮物和今人嘉許的行為而和大家和解。男子根據天界樂師的婚姻形式和姑娘結婚。

　　姑娘不願偽裝她的心思，她不願表示她已準備好嫁人。男子可以用下述方式來達到目的：

　　在某些固定的場合，男子以某種理由，借助於他熟悉的、值得信任的、也為女方家庭所熟知的女友出人意料地把

姑娘帶到家中。

如果姑娘和其他男人的婚禮已經臨近，男子在姑娘母親心目中要極力作出瞧不起姑娘未來丈夫的樣子，讓姑娘在母親的允許下和他一起到鄰里家。

男子要努力做姑娘兄弟的好朋友，姑娘兄弟和他同齡，且沉溺於情婦的迷戀中，陰謀截取別人的妻子，男子應該給他以支持，偶爾贈他些禮物，然後告訴他自己對他姐妹的深愛。因為他們年齡、習慣和性情相似，年輕人甚至會犧牲自己的生活來成全他。這樣，男子可以透過姑娘的兄弟把姑娘帶到一個安全的地方。

在節日的慶典上，男子讓姊妹們給姑娘送去迷人的禮物，把她引到一個安全的地方，在她展露迷人時品味她的美好。

男子在姊妹們的默許下，乘姑娘熟睡之際，把她搶走，在她醒來之前就享用她。

在本書這一章裡所描述出的所有婚姻形式，前述的一種形式比那種更多地按照宗教的戒律行事的形式要好。因此，只有當實行前一種方式不可能時，後一種形式才能得到採納。所有美滿婚姻的果實都是愛，雖然天界樂師的婚姻形式是在令人不愉快的環境中形成的，因為它充滿了我們所渴求的東西，因而仍值得我們尊重。對天界樂師的婚姻形式表示尊重的另一個原因是它能帶來更多的幸福，它比其他婚姻形式更少麻煩。

7 增強姑娘的信心

增強姑娘的信心是男歡女愛的前提，按姑娘的喜好行事
男人才可能獲得成功。

婚後的第三天，年輕夫婦應該睡在地板上，避免性興
奮，飯菜不加鹽鹹調味。接下來的七天，他們在華美的樂聲
中沐浴、裝扮，一起進餐，表現給親屬也就是婚姻的證人
看。這適用於各個種姓的新婚夫婦。第九天晚上，男子私下
用溫詞軟語樹立女孩的信心。

一些作者認為，為了贏得女孩，男子要三天不和她說
話，但跋布羅維亞的追隨者認為，如果男子三天不和女孩說
話，男子會無精打采，沮喪失望。姑娘也會失去勇氣，鄙視
男人。筏蹉衍那說：男子意慾贏得女子，必須樹立姑娘的信
心，但首先必須節慾。女人是溫柔的秉性，總想有一個溫柔
的開始，當她們被迫接近男人，而那些男人她們並不熟悉
時，有時候她們突然變得厭惡交合，甚憎恨男性。這時候
男子應該順著姑娘的心意接近姑娘，採取一些有效的建議，
使自己擁有更充分的信心。建議有如下幾條規則：

他應該用姑娘最喜歡的方式擁抱她，因為擁抱不可能持
續很長時間。

他應該擁抱姑娘上身，因為這種方式簡單、容易。如果姑娘長大成人了，或者男子對姑娘有一定的了解，他可以在燈光下擁抱她，但如果他對姑娘不很熟識，或者她是年幼的姑娘，那他應該在黑暗中擁抱她。

姑娘接受了擁抱，男子把一小包檳榔塞進姑娘嘴裡。如果姑娘不接受，男子就要用動人的話去引誘姑娘，拜倒在姑娘裙下懇求、發誓，然而，這種舉動常使女人感到害羞和生氣，她們很可能不理會男人的屈膝苦求。

在遞送檳榔時，男子要溫存、優雅地親姑娘的嘴，不發出一點聲響。

當姑娘為之折服時，男子親切地和她交談，以便誘使姑娘談論他想詢問的問題，那些問題只須幾句話就可以回答清楚。

如果姑娘一言不發，他不能嚇唬她，只能以緩和的語氣一遍遍地重複提問。如果姑娘仍不回答，那他就該敦促她開口，因為就像喬答卡摩迦所說：「姑娘傾聽男人談論她們的任何話，但有時候她們自己卻不置一詞。」

當姑娘被迫做答時，她會以搖頭代替。但如果和男子發生爭執，就連搖頭也不可能了。當姑娘被問及是否願意和男子在一起，是否喜歡他時，她會長久保持沉默。如果最後仍然逼她回答，她會以點頭給男子一個滿意的答覆。如果男子先前就對姑娘有所了解，他會請姑娘的女友參加閒談，幾對他會有幫助，增強雙方的信心，在談話中有溝通作用。這種

場合，姑娘會笑著低下頭，如果女性朋友一直談論她，談得比她所期望的還多，那她就會和女性朋友爭辯，責備女性朋友。朋友們應該以玩笑的口吻說姑娘所不願意說的事，並加上「她這樣說」云云，姑娘則含糊而機靈地反駁「哦，不！我沒有這樣說」，然後笑著偷偷一瞥男子的反應。

如果姑娘和男子很熟悉，她會貼近男子，靜靜地坐看，男子會要來檳榔、油膏和花冠，姑娘則把這些繫在男子身上。姑娘忙這些時，男子用指尖試探地觸摸她年輕的胸脯，如果她預先防止男子這樣做，男子應該對她說：「如果你擁抱我，我就不再碰你了」，用這種方式引女子擁抱自己。當姑娘擁抱他時，他該用手撫遍姑娘的身體。不一會兒，把姑娘抱到膝上，試圖得到姑娘更多的贊同。如果姑娘不願服從，他該恐嚇她說：「我用牙齒在你臀部和胸部印上標記，在我身上也做出同樣的標記，然後告訴朋友這一切都是你所為，那你能說什麼？」用這樣的方式，在姑娘心裡會有著憂慮和信心，這樣男子就能如願以償。

第二天晚上，姑娘的信心增長以後，男子會覺得姑娘的整個身體都掌握在手中，盡情吻遍姑娘全身。他也會把手擱在姑娘大腿間，替姑娘洗洗大腿，如果他成功地做到了這一點，那他就可以進一步替姑娘沖洗大腿間的私處，如果姑娘預先防止他這樣做，那他應該說：「這樣做有什麼傷害嗎？」說服姑娘允許他這樣做。徵得同意後，他撫摸姑娘的私處，解掉她的腰帶，脫掉她的衣服，脫下她的褲子，然後替她洗

裸露的私處。在各種藉口下做這些事情，但他不能蒼促的交合。

這之後，他應該教姑娘六十四種性技巧，告訴她自己多麼地愛她，敘述他對她抱有希望。他也應該允諾在未來的日子裡他都忠誠於她，消除她對可能出現的情敵而擔心，最終，還要克服她的害羞心理，先慢慢地使她愉快，以免嚇著她。如此來才能得到姑娘的信任。

男人依據姑娘的喜好行事，試著說服她使她愛自己，對自己有信心。不明白姑娘的喜好，或完全與姑娘持相反態度，男人不可能獲得成功。因此，他應該採取一條中庸之道，知道怎樣被女子所愛，也會增加他的榮譽並創造彼此的信心。

第四篇

論女人與妻子

① 後宮佳麗

女人們裝扮成堂表姊妹，女朋友或女隨從，借助於擁有
男子性器官形狀的球、根、水果等來達到目的。

王室後宮中的女性因為受到嚴格的限制，所以不能隨便
出現或遇到任何男子，而她們的慾望也從不能得到滿足，因
為她們唯一的丈夫不屬於某個人所有，他是許多妻妾共同的
男人。為此原因，她們以不同的方式互相給予快樂。

後宮女人們裝扮成堂表姊妹們，女朋友或女隨從，借助
於擁有男子性器官形狀的球、根、水果等來達到目的。或者
她們躺掛在男性雕像上，雕像的男性性器官通常直立且清晰
可見。

一些富有同情心的國王服用春藥使自己在一夜之間滿足
數名妻妾、或許他們自己並沒有特別的慾望，這樣做僅僅是
為了滿足那些慾心熾燃的女子。有些人只把熾烈的愛奉獻給
特別喜歡的女子，而別人可能只按照一定的程序，依次駕馭
每一個女子。在東方國家，這是一種普遍臨幸嬪妃的方式，
而這種方式同樣也適合於男性。

王室後宮中的夫人們一般把其他男人關進房間裡，讓他
們裝扮作女人。熟知這些秘密的女官或者女人們的使出渾身
解數把男人誘至後宮，她們告訴男人後宮中的榮華富貴，描

述進出後宮的巧妙機關，寬敞的住處，門衛的呆若木雞，陪待次序的混亂。但這些女子從不靠謊言來把男子誘人至後宮，因為那樣可能會導致他們的毀滅。

　　對男子來說，他最好不要進入後宮，雖然那兒很容易進去，但卻要面臨許多災難性的後果。然而，如果他一定要進入後宮，那他首先應該斷定是否有逃出的捷徑，後宮是否被

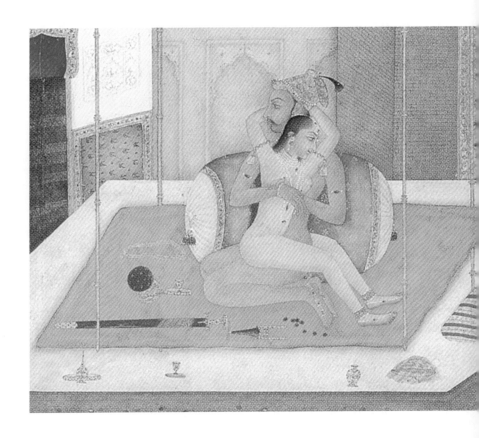

緊緊包圍，是否被分割成幾區，門衛是否愚笨，國王是否已經出巡，當後宮的女子們誘喚他前往時，他得小心地觀察好各處位置，由女子們指定的路徑進入後宮。如果他可以自己謀劃，他該每天到後宮附近轉轉，以各種各樣的藉口和門衛交朋友。向他們顯示自己和後宮女官如何親密熟稔，門衛漸漸清楚他的意圖。對門衛，不論能否達到自己的目的，都該表示出應有的尊重。最後，他要把媒人的所有事務轉給那些能夠接近後宮的女子去做，小心謹慎地去晉見國王的密使。

如果媒人不能接近後宮，那麼男子就要堅守住一些絕佳位置，在那兒能看到自己所愛的、日思夜想的夫人。

如果那地方被國王的衛兵把守，他就裝扮成夫人的女官到那兒去，或從那兒經過。當夫人看見他時，就要用顯露的手勢或身體姿態向她表達自己的感情，或者給她看圖畫，含有雙重意義的物件—花冠或指環，也能有同樣的作用。他小心地記下她的答覆，無論是話語、暗示或身體姿勢，然後試著闖後宮。如果他知道女子會到一個相約的地方見面，自己就預先隱藏在那兒，等女子一到，就裝成衛兵一樣和她同行。他也可隨便進出，用折疊床或床單做掩護，還可以把外貌做些偽裝，無人得識。

另外，男子可以在末伽始羅月第八個月夜進入後宮，或者乘月光節，後宮的女官們忙忙碌碌，處事混亂時偷偷溜進後宮。

下面的規則已經得到確認。

男子進入後宮和離開後宮最合時宜的時間通常是：有什麼東西正要搬進宮中或者正要搬出後宮；觥籌交錯的慶典仍在持續中；宮中女官忙忙碌碌；王室貴婦正在搬遷居所；國王的妻妾們遊覽花園或前往集市，或者她們從花園、集市上回來，亂哄哄地回到王宮；還有國王參加隆重的朝聖儀式等。王室後宮中的女子彼此知道各自的秘密，幾乎是大家都想達到同一個目的，互相給以幫助。喜歡這些女子同時也為這些女子所共有的年輕男子，只要能保持大家的平靜、相安無事，不為外界所知，就能繼續享有他們的融洽。

現在，在阿帕拉塔卡國，由於王室的夫人沒有受到很好的保護，不斷有年輕男子依靠那些能夠接近王室後宮的女人之幫助混入後宮的事。阿希羅（Ahira）國國王的妻妾們聯合後宮守衛實現她們的目標。瓦沙古馬（Vatsagulmas）國的王室貴婦讓這種男人沿著媒婆引出的通道，很快地進入後宮。維達爾巴國王室貴婦所生的兒子，只要心情好或喜歡那些女子（當然他們的母親除外）就可以進入後宮。

在斯特里·拉杰（Stri-rajya）國，國王的妻妾被同種姓的人和關係密切的人享受，在甘達（Ganda）國，王室妻妾被婆羅門、朋友、僕人和奴隸享受。在桑達婆（Samdhava）國，僕人、養子和類似的其他人也可以喜歡後宮的姬妾。在醯摩婆達（Haimavatas）國，敢於冒險的公民賄賂守衛，進入後宮。在梵耶（Vanyas）和伽姆耶（Kalmyas）國，婆羅門在國王的允諾下，以向貴婦們送花為名進入後宮，暗地裡

和貴婦們談笑。從這種談笑中產生融洽和睦。最後，普拉奇亞（Prachyas）國王後宮的姬妾每九到十個女子就會藏一個年輕男子。

為了這種種原因，男人要看護好他自己的妻子。老作家說，國王要認真選擇守衛守後宮，這些人必須能承受考驗，沒有肉慾。但這樣的男子雖然較少肉慾，或許恐懼、貪婪的原因也會導致瀆職、放外人進後宮。因此，恭諦卡普拉說，國王應該把這樣的男子安置在後宮守衛的職位上，他們既少肉慾，也沒有恐懼和貪婪的毛病。筏蹉衍那說接受達摩影響的人可以獲得承認。因此，那些免除了肉慾、恐懼和貪婪的人，有了約束，應該選擇任用。

下面是毀滅女子純潔天性的原因：
＊總喜歡參加社交活動，和大家圍坐閒聊
＊缺乏限制
＊其丈夫亦散漫無束
＊和其他男子交往毫無顧忌

跋布羅維亞的繼承者說，男子要讓妻子和其他年輕女子作伴，後者就會告訴他有關其他人的秘密，男子還會從後者那兒了解到自己妻子的純潔和高雅。但筏蹉衍那說：聰明的人總是能成功地駕馭女子，男子不要把自己天真無瑕的妻子和欺詐狡猾的女人攪在一起而使她墮落。

2 論貞女節婦

> 妻子如果想私下取悅自己的丈夫，她該打扮得花枝招
> 展，鑲金帶銀，用豐富的色彩裝點她華麗的服飾，再塗
> 上散發誘人芬芳的油膏。

一個品行端正的婦女，總是深受她丈夫的影響，使自己
的行為符合丈夫的意旨，把丈夫奉若至上的神明，並且用心
揣摩丈夫的心思，把全心都投入到家庭事務中。

她應該保持屋宇的窗明几淨，把多彩多姿的美麗花束放
置在屋裡的每一個角落，艷麗的花朵是那樣嬌嫩而光彩輝
映，使屋子呈現出整齊潔淨、恰合主人身份的外觀。她應在
環繞房舍的花園中準備好早晨、中午和晚上祭祀需要的所有
祭品，她該親自對家庭守護神的聖殿表示崇仰，因為就像恭
那諦亞（Gonardiya）所說的，對一個妻子來說，沒有任何事
情比上面提到的這些事情的觀察更能吸引丈夫的心了。

對父母、親戚朋友、姐妹以及丈夫的隨從，一個女人的
行為應該深乎眾望，叫大家首肯。花園裡應該種上一畦畦綠
油油的蔬菜，一束束茁壯的甜蔗、一叢叢茂密的灌木，芥
末、歐芹、茴香，還有多摩羅樹。一簇簇形態各異的香花如
雙子桃金娘、素馨花、素馨屬大花薔薇、黃色的莧菜、野茉
莉花、山辣椒、中國玫瑰等等，爭奇鬥妍，競相開放，百花

撲鼻的香氣和須芒草的香氣渾成彌漫，而且，它們迷人的芳
香植根在同一的土壤。女人還應該在花園中堅些藤架，設些
座位，在園子中央打座井，挖個池塘。

　　妻子自然總該避免和這樣的女性在一起：女乞丐，托缽
雲遊的尼姑，不正經淫蕩的女無賴，掐指算命的巫婆。至於
每日的飯食，她該悉心周到，考慮到丈夫喜歡什麼，不喜歡
什麼；什麼適合他的口味，什麼有礙他的健康。

　　丈夫回家的腳步聲一經聽見，妻子就立刻起身相迎，準
備好丈夫所需的一切，或者命令她的女僕去替丈夫洗腳，
或者她親自動手，為丈夫灌足去乏。如果相偕陪夫君出行，
妻子便精心穿戴，妍麗端莊，沒有丈夫的允諾，絕不輕易出
現或接受他人的邀請，無論是婚禮或祭祀活動，造訪神廟，
即使有女朋友在旁作陪也一樣。如果妻子想參加什麼競賽或
體育活動，那也只能以不違背丈夫的意願為前提。同樣的道
理，妻子只能在丈夫的後面坐下，在丈夫之前起來。丈夫安
寢時，妻子不當睜眼不眠，別有所想。廚房該坐落在安靜而
僻遠的處所，免得陌生人隨意接近，要打掃得一塵不染。

　　在丈夫一方處置不當的任何事件，做妻子的雖然有很多
不快，也不要過度地責怪丈夫。不要濫用侮辱性的語言，劈
頭蓋腦地大肆指責，應該和風細語，以撫慰的言詞溫情勸
誡，不管其時是好友相聚，還是夫婦二人面面相對。甚至，
妻子都不該報以輕蔑的神色，就像恭那諦亞所說：「妻子的
這類舉措最易引起丈夫強烈的憎惡」。最終，妻子要避免不佳

的表現：陰沉著臉在一旁冷言冷語，懶洋洋地斜倚門框，百無聊賴地注視過往路人，忘乎所以地喋喋絮語，還有獨自一人沉思默想。總之，妻子要使她的身體、牙齒、頭髮她所擁有的一切都整齊、甜美和潔淨。

　　妻子如果想私下裡取悅自己的丈夫，她該打扮得花枝招展，鑲金帶銀，用豐富的色彩裝點她華麗的服飾，再塗上散發誘人芬芳的油膏。但她樸素的服裝則要淡雅而質地緊密，有一些飾物，有一些鮮花，有一些香氣，卻不宜太多太濫。妻子要注意觀察丈夫所棄絕的或熱衷的事情，當丈夫拒絕她行某事時，便可以據理說服丈夫，獲得他的允諾。

　　此外，妻子不能把自己財富多少的秘密告訴陌生人，丈夫吐露給她的秘密也不能隨便洩漏。她的聰明才智、形體外貌、她的烹飪技藝、她的自豪感及她侍候丈夫的虔敬該超過她生活圈子中的所有婦女。一年的花費應該精打細算，飯後多餘的牛奶可以做成酥油或精煉的黃油。在家裡油和糖要準備充足，紗要精紡，布要精織，線和繩子要備存一些，能搓繩子的樹皮也不要隨便丟棄。搗稻米的活兒要做得精細，搗得乾淨徹底，小米粒也不要浪費，甚至米糠還可以加以利用。妻子還要負責給僕人發薪水，照料田裡的耕作，放養大草的牲畜、管理車輛的使用，還有么羊、雞、鵪鶉、鸚鵡、鷗椋鳥、杜鵑、孔雀、猴子和鹿，都得由妻子來管理。

　　最後還要核算每天的收入支出，穿舊的衣服可以送給那些工作勤懇的僕人，以表示對僕人服務的嘉獎，僕人們也可

以提出要求，申請其他使用權，裝酒的器皿也要擦洗乾淨，要和酒一樣仔細保管好，能存放相當長的時間。所有的買賣和討價還價必須認真對待，慎重處理。丈夫的朋友光臨時，獻上花束、油膏、煙香、檳榔葉和檳榔子，表示最熱忱的歡迎。對待公公和婆婆要盡心盡意，事事滿足他們的意願，不與他們發生爭執，與他們說話要言簡意賅，用詞柔緩，公婆在時不大聲言笑，對朋友或敵人都像對自己一樣。

上述這些要求，做妻子的不能充耳不聞，也不能過分熱衷於自己的娛樂。要以寬容的態度對待僕人，節日給他們休息娛樂的時間，但在沒有先告知丈夫之前，不能隨便贈送東西給僕人。

在丈夫出外旅行不在身邊的時候，品行端正的婦人只能佩帶吉祥如意的飾物，遵守敬神的齋戒。如果聽到丈夫令人憂慮的消息，妻子仍該一如既往地處理好家庭事務，和家中的年長婦人一起就寢，和家庭其他成員保持正常生活。像她丈夫一樣處理事務，恢復家庭的生活秩序，繼續完成其丈夫已開創的事業。為了維繫各種社會關係，除了喜慶或悼傷的場合一定要出席外，其他的場所都不便出現。

在社交場合，她應該穿上一般的旅行服飾，由丈夫的僕人陪同，那樣的場合不必停留太久的時間。齋戒和祝典應預先徵得家庭中年長者的同意。依靠忠心的僕人從事買賣之類的商業活動來增加財富，自己只要在幕後監督即可。收入要儘量增加，支出則要儘可能地減少。

　　這就是在丈夫出外遠行不在身邊的日子裡，一個妻子所應有的行為規範。

　　妻子，無論她是出生高貴的女性，還是再婚的寡婦或者是小妾，都應該引向純樸、忠於配偶的生活，全心奉獻給自己的丈夫，做任何事都是為著他的幸福。女子的行為總要求達到達摩的境界，得到幸福和愛，得到更高的地位，栓住夫君的心，使他愛心不變。

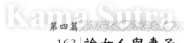
3 古印度妻妾行為準則

古印度文化裡，男女從彼此相識的一開始，妻子就應該
努力贏得丈夫的歡心。

如果女子不能生育，使丈夫承受無後之苦，自己就該主
動勸丈夫再婚，另找別的女子。當第二個妻子結婚，進入夫
家以後，第一個妻子應該使她超過自己的地位，視之如姐
妹。清晨，大婦要強迫年輕的妻子在丈夫面前裝扮自己，而
不介意丈夫把所有的歡喜和讚賞都給了別人。如果年輕的妻
子做錯了什麼惹惱了丈夫。大婦不該輕視她，相反倒應該給
她指點，教她如何在丈夫面前博取歡心。

在妻子的一生中再婚的原因有下列幾種：
＊脾氣壞
＊丈夫不喜歡妻子
＊無兒無女
＊連續生女孩
＊丈夫的不節制

年輕妻子的孩子，大婦應當視若己出；年輕妻子的僕
從，大婦也要給以足夠的重視，甚至超過自己的僕人；年輕

妻子的朋友，大婦同樣要滿懷愛意和善心，對她的社交關係予以尊重。

在大婦的旁邊排列了一長串的姬妾時，大婦應該和她在年紀和等級序列上最接近的那個姬妾密切聯繫，鼓動近來較滿足丈夫喜好的姬妾去爭奪丈夫心腹的地位。之後，她應該同情失勢者，把其他姬妾召集在一起，讓她們譴責那位丈夫的心腹是一個心懷詭計的邪惡女人，但她自己不以任何方式參與其事。如果受寵的妾碰巧和丈夫發生了爭吵，那麼大婦該把她拉到一邊，給他一個錯誤的鼓動，促使爭吵進一步升級。如果兩者之間有輕微的爭執，大婦所做的一切都該是促成爭吵更為激烈。但是，如果這一切努力勞而無功，丈夫仍然最愛自己寵信的妾，大婦就應該改變戰術，在兩人之間竭力製造和解的氣氛，以便避免丈夫的不悅。

年輕的姬妾應當尊重丈夫的原配夫人，待之如母，不能有任何背棄的舉動，甚至包括她所不熟悉的姬妾。年輕姬妾要告訴大婦有關自己的一切情況，未經大婦的允許就不去接近丈夫。不論大婦告訴她什麼，她都不能隨便洩露給別人。她要照顧好大婦的孩子，盡心盡力地超過自己親生的骨肉。

與丈夫相對獨坐時，也要精心伺候丈夫，卻不能告訴他妻妾間爭風吃醋、互相攻訐的痛苦。她可以得到丈夫對她特別恩寵私下所給的信物，可以向丈夫表白她的傾心相許和長相廝守，透過這樣的表白，丈夫便知道了她的心意。她應該從不展露她對丈夫的愛，也不把丈夫對自己的愛告訴任何

人。

不論是因為得意忘形還是因為憤怒中抬出丈夫以助威，一個女人洩露了丈夫心中的秘密便會受到丈夫的鄙視。恭那諦亞說，就像為了贏得丈夫的恩寵的努力一樣，這一切因為害怕大婦嫉妒，都應該是私下所為。如果大婦被她丈夫所厭棄，或者無兒無女，年輕的姬妾應當同情大婦，並且請求丈夫也同樣抱有同情的態度。

在貧困的環境中生活的寡婦，或者生性柔弱的寡婦，她總要再次和男人聯姻，這就叫寡婦再婚。

跋布羅維亞的門徒說，貞潔的寡婦不該和男人結婚，因為男人的壞脾氣，最終她也許不得不離開他，或者因為男人缺乏那種優秀品德，她被迫轉而依靠別的人。恭那諦亞所持的意見是：寡婦再婚的原因是她追求幸福的願望，而幸福在其丈夫優秀品德的支配下，牢固而切實。因此，參與愛的歡樂，才是獲取一個富有優秀品德的男人之最初步驟。然而，筏蹉衍那認為，寡婦可以和她所喜歡的任何人結婚，只要她覺得那人適合她。

舉行婚禮的時候，寡婦有權得到她丈夫的錢用以支付酒會的費用，野餐的費用，以及給親朋好友們贈送禮物和紀念品。如果她願意，她也可以用自己的錢來做這一切。同樣，她可以為她的丈夫或她自己梳妝打扮，著禮服，戴飾物。在丈夫與妻子間彼此互動的影響中，沒有固定的模式。如果她在自己所認可的婚姻之後離開她的丈夫，那麼，不論他贈與

她什麼東西，她都應當原物奉還，但是，如果她被丈夫趕出家門，她就不必交還任何物品。

婚後，她應當和丈夫共居一室，就像一個家庭的主要成員一樣，她必須以善意對待家庭中的其他姬妾，對僕人也要寬容，對丈夫的朋友更是親切隨和。她應該展示出聰明能幹，比家庭中的其他姬妾都更精通六十四行技藝。一旦和丈夫發生爭執，不可以激烈地指責丈夫，私下還要儘量滿足他，做他所想要的一切，施展渾身解數，以博取丈夫的歡心。她應該壓制丈夫的其他姬妾，卻善待他們的孩子，像母親一樣，贈他們禮物，給他們飾物和玩具。對丈夫的朋友和僕人，她要充分的信任，這種信任超過其他姬妾所能給的。最後，再婚的寡婦還要表現出對社交的熱衷，比如到郊外野炊，出席交際場合和節日慶典，參加各類體育比賽和娛樂聚會。

被丈夫厭棄的女子同樣也會被其他姬妾所歧視，失寵的女子總是被煩惱所困擾。她應該和丈夫最寵愛的姬妾結成聯盟，教給她自己精通的「十八般武藝」。她應該像保姆一樣照顧丈夫的孩子，把他們當作朋友拉攏過來，透過這些孩子使丈夫了解自己是如何忠心耿耿。在宗教祭禮上，她應該做領祭人，在宣誓司儀式或齋戒活動上亦同樣擔當類似的角色，但不能過度做作。

丈夫躺在床上，她只能趕緊近前去伺候。對丈夫而言那些愉快的舉動，她不能有任何不滿，也不能表現出任何的不

滿。假如丈夫碰巧和別的姬妾發生了爭執，她應該在兩者中間調解、勸和；如果丈夫希望秘密地會見某位女子，她應該設法安排見面的機會。此外，她還要熟知丈夫的性格弱點，但必須守口如瓶，從整體上講，她的行為必須能引導丈夫把她視為品德高尚、忠心耿耿的妻子。

上面的章節講了古印度的妻妾的行為準則，因此，現在我們來談談後宮。

後宮（分別又稱為Kanchukiyas，Mahallarikas和Mahallarikas）中的女僕應該從王后那兒取來花束、膏油和衣服給國王，國王收到這些物品會作為禮物分贈給僕人，而從前這類物品只屬國王獨享。午後，國王身著華麗的錦衣，抹上油膏，興致盎然地去會見那些珠光寶氣、著容貌妖艷的後宮佳麗們。

給她們這樣一個生息的處所，這一種尊重大概可稱是恰當之舉，或許這也是她們應得的待遇。國王應該和顏悅色，和佳麗們作誠意的交談。此後，他應該注意到這些眾多的姬妾中也可能有再嫁的寡婦，別人的姨太太、舞女等。這些女人的香艷閨閣都會歡迎國王的到訪。

國王從午睡中醒來，有一個女官負責通知國王，今晚誰將陪伴他共度良宵，這位陪待佳麗尚須有一位月經來去極富規律性的女隨從，一旦她月經突然而至，或者在經期中人不舒服，可以有人作替補。在眾姬妾贈送油膏、藥膏給國王之前，這些女隨從就該得到妥善的安排，她們的芳名和獻贈油

膏的說詞都該稟報國王，並用戒指的封印作為標記。之後，國王接受其中一人的油膏，旋即她被告知國王的意旨，那麼她的日程也就確定下來。

節慶、演唱會和各種展覽，國王的姬妾們都要認真對待，以酒伺候。

但後宮的姬妾們不允許單獨外出，後宮外的任何女子也不能進入後宮，除非是那種眾所周知的名女人。還有，國王姬妾的工作不能繁重到令人疲乏的程度。

一個擁有眾多姬妾的男子應該公平看待每一位姬妾。不能對她們的缺點視若無睹、不聞不問，但也不能把姬妾的愛憎情感、身體的瑕疵和信任自己才說出來的對他人的批評都公之於眾。不能給姬妾背地裡大講情敵壞話的機會，他應該斥責這種舉動，告訴她這種行為同樣是她品性中的污點。他給一個姬妾秘密的信任，對另一個姬妾表示尊重，對第三位姬妾悄悄地說些恭維話，和她們一起遊園、玩樂，贈送禮物給她們、尊重她們的言談，告訴她們秘密，最終成為相愛的一體。好脾氣的年輕女子自覺地以神諭來規範自己的言行，獲得她夫君的傾慕，從而戰勝情敵。

4 初入風塵

妓女們透過與男人交往而獲得性快樂,同時也維持了生計。

當一個妓女是出於愛而和一個男人相交時,她的行動是自然的;但當她是為了得到金錢而依靠他時,她的行為就是矯飾的,也即被迫的。然而,即使是後面一種情況,她也應該表現得好像她的愛是發自內心的,因為男人們的自信建築在那些明顯地愛著他們的女人身上。在使她的愛為男人所知的同時,她應該表現得完全脫離貪婪;而且,為了她將來的生計著想,她應該避免用不合法的手段從他那裡獲取金錢。

一個妓女,穿著時髦,佩戴著首飾,應該坐在、或是站在她房子的門邊。她並不過多地暴露她自己,而是望著外面的大道,並讓她能被路過的行人看到。她就像一件要被拍賣的物品一樣展示自己。對於那些將男人與其它女人分隔開來的女人,她應該與之建立友誼,並依附於她們,這樣就可以彌補自己的不幸,可以獲得財富,可以保護她免於被恐嚇;或者說透過與這些人的交往,她會得到和其他男人來往的機會。

這些人是：

* 城鎮的衛兵，或警察
* 法院的官員
* 占星術家
* 有勢力的人，或有影響力的人
* 有學問的人
* 「六十四」藝的教師
* 可與之談論戀愛事務的密友
* 客人
* 弄臣
* 賣花人
* 香料商
* 賣烈酒的小販
* 男洗衣工
* 理髮師
* 乞丐

　　以及諸如此類的其它一些人，可能會發現他們對某些特殊目標是必需的。

下面這些種類的男人妓女多半只是簡單地為了從他們那兒得到金錢而與之相交的；

* 有獨立收入的男人
* 年青男性

＊沒有任何束縛的男人

＊在國王手下掌握重要權力的男人

＊毫無困難地掌握生計的男人

＊擁有不枯竭收人來源的男人

＊自認為很英俊的男人

＊總是誇耀自己的男人

＊希望被認為是個男人的男人

＊憎恨同等地位之人的人

＊天性慷慨大方的人

＊對國王或其大臣們有影響力的人

＊總是一帆風順的人

＊為自己的財富感到自豪的人

＊不遵從長輩指教的人

＊同一社會等級成員密切注視的人

＊巨富家族的獨生子

＊內心深處充滿慾望衝突的禁慾主義者

＊勇敢的男人

＊國王的醫生

＊以前的熟人

另一方面，妓女出於愛和名聲的緣故，要依附那些擁有優秀品德的人。這樣的男人如下所列：

出身高貴，有學問，對世界有良好的了解，在合適的時

候做合適的事情的男人：詩人，好的故事講述家，口才流利
的男人，充滿活力的男人；對各種藝術都在行，對未來具有
洞察力，擁有偉大的頭腦、堅韌不拔的毅力以及堅定的信
念，從不發怒，對所有的社交聚會都喜歡，能熟練完成由別
人開頭的詩句，在任何其它運動上都是行家，遠離所有疾
病，擁有完美的身體，強壯有力，不酗酒，在性享樂方面具
有極強的能力，好交際，喜歡向女性示愛並吸引住她們的
心，但並不是完全地獻身於她們，擁有維持生活的手段，不
嫉妒，最重要的是，決不多疑。

名妓女也應該具有以下特點：

　　她應該美麗；而且和藹可親，有著吉祥的紋身圖案。她
應該喜歡別人的好品德，正如她喜歡財富一樣。她應該由於
愛的緣故而對交合由衷喜愛。她應該擁有堅定的頭腦，以及
在性享樂方面有和男人一樣的慾望。

　　她應該總是那麼急於學習和掌握經驗與知識，她決不貪
婪，而且，總是那麼由衷喜歡社交聚會及藝術。

以下是所有名妓女的普遍特質：

　　充滿智慧，氣質良好，舉止優雅；

　　行為坦率，為人謙遜；在做任何事情之前都對未來考慮
再三；

活躍敏捷，行為始終如一，確知在恰當的時間和恰當的地方做恰當的事情；永遠不說刻薄話，不放聲大笑，無刻薄言行，不發怒，不貪婪，不遲鈍，不愚蠢；

熟知《愛經》，並對與之相聯繫的所有藝術都十分精通。

妓女的缺陷就是缺少了以上提到的優良特質中的任何一種。

以下種類的男人是不適合於妓女們所依賴的：

浪費的人；多病的人；妻子對他很嚴厲的人；說話聲音刺耳的人；十分多疑的人；貪婪的人；無同情心的人；小偷；自傲自大的人；喜歡巫術的人；對尊重或是不尊重毫不在意的人；哪怕是他的敵人也能用金錢收買到的人；最後，是極度害羞的人。

古代作者認為，依附於男人的妓女產生的原因是愛、恐懼、金錢、享樂，對某些惡意行為、好奇、傷心事、經常的交合、法典、名聲、憐憫的還擊，對朋友的渴望、趾辱、與某個心愛之人相像的男人，對好運氣的追求，想拋捨對另一個人的愛，在交合方面與男人處於同一等級，住在同一地方，以及貧窮。但是筏蹉衍那卻斷定：對財富的渴望、脫離不幸的命運以及愛情才是影響妓女與男人交往的唯一因素。

因此，妓女不應為了愛情而犧牲金錢，因為金錢是生活的主要來源。但是在恐懼等情形中，她應該注意其它事情。此外，即使男人邀請她和他在一起，她也不應該立刻就答應

其要求，因為男人傾向鄙視太容易得到的東西。在這種情況
下，她應該首先派遣洗髮工、歌者、小丑等這些為她服務的
人們，或者，當他們不在時派知己、密友以及其它人去偵察
他的感情狀態和他的生活。借助於這些人，她就可以確定這
個男人是否純潔，是裝模作樣還是正好相反，是可依附還是

很冷淡，是慷慨還是吝嗇。如果她發現他很中意，她就會僱傭門客和其它人，吸引男人的心。

相應地，密友應將這個男人帶到她屋裡來，聽Maina（一種歐椋鳥）講話，或是看某種景象，或是看手某種藝術。他也可以帶女人去男人的住所。在這之後，當這個男人進到她家裡來後，她應該給他一種能引起他好奇心以及在他心裡充滿愛情的東西，例如一件出於柔情的禮物，告訴他這是特意為他設計的。她應該在很長一段時間內都給他講這樣的故事以使他開心，並做使他更為高興的事。當他離去時她應該頻送秋波。她要擅長進行風趣的談話。與此同時備上一件小小的禮物。她也應該有時在其密友的陪同下，假裝為了某些事務去看他。

當愛人來到她的住房，妓女會送給他一把檳榔葉和檳榔子，還有鮮花做成的花球以及芬芳的油膏。為了顯示她在藝術方面的技巧，她會透過長時間的交談來取娛他。她還會給他一些愛情的禮物，將她自己的東西與他的互相交換，同時向他顯示她在性享受方面的技巧。當一個妓女和她的愛人結合在一起時，她應該總是透過充滿深情的禮物、交談以及各種溫柔的娛樂方式來使他感到快樂。

⑤ 行如人妻

女人的愛情程度是不可知的，即使對那些她們愛的對象
也是如此。

　　當一個妓女像妻子一樣和她的愛人一起生活時，她應該
表現得如同貞潔婦人，而且樣樣事情都做得讓他滿意。簡單
地說，她在這方面的職責就是：她應該使他愉快，但是不應
變得依賴於他，雖然要表現得好像她真的是依賴於他一樣。

　　下面是她所應遵循的行動方式，這樣才能實現上述目
的。她應該有一個靠她撫養的母親，這位母親一定要說成是
非常嚴厲的，她把金錢看成是生活中的主要目標。如果不存
在這麼一位母親，那麼年老而且知心的保姆就應扮演這一角
色。在媽媽或保姆這一方來說，應該表現得好像不喜歡這位
愛人，並強制性地把她從他身邊帶走。而妓女本人則總是要
裝出憤怒、沮喪、恐懼的樣子，以及對這一事件的羞辱感，
但任何時候都不能不服從母親或是保姆。

　　她應該對母親或是保姆說明，那男人正由於身體不適而
承受著痛苦，並以此為藉口前去看望他，她應該繼續這樣做
下去。

更進一步地，為了得到男人的歡心，她還要做如下的事情：

＊讓她的女伴帶來他在以前的日子裡曾用過的花，這樣她就可用它們作為感情的信物，同時也要他還沒吃掉的檳榔子和檳榔葉；對他關於交合的知識以及他所運用的幾種房事方式表示驚訝；

＊向他學習跋布羅維亞提起的六十四種娛樂；

＊根據他的喜好，持續練習著娛樂方式，一如他所教；保守他的秘密，告訴他自己的願望和秘密；

＊隱藏起她的憤怒：

＊當他的臉轉向她時決不忽視他；

＊根據他的願望觸摸他身體的任何部位：

＊當他睡著時親吻和擁抱他：

＊當他陷入沉思之中，或在考慮某些與她無關的事情時，用焦急眼神盯看他；

＊當他遇到她，或從公共大道上看見她站在自家陽台上時，既不能表現得毫無羞怯之意，也不能表現出過度的羞赧之情；

＊憎恨他的敵人；

＊熱愛那些他喜歡的人們；

＊對他所喜愛的一切東西都表示出喜愛；

＊情緒隨著他所處的精神狀態或高或低地起伏；

＊表達出想要看看他妻子的好奇之心：

＊不長時間地生氣；

＊哪怕是她自己的指甲和牙齒在他身上留下的印記和傷痕，
　也要懷疑是某個別的女人留下的；

＊她對他的愛不要用語言來表達，而是透過行動、嘆氣以及
　暗示表現出來；

＊當他睡覺、醉酒或是生病時保持沉默；在他描述他做的好
　事時全神貫注地聆聽，在他的讚揚和恩惠之後覆述出來；

＊如果他充分被她所吸引，給他聰明的答覆；

＊傾聽他的所有故事，除了那些與她競爭對手有關的；

＊如果他嘆息、叫嚷或是失敗時，表現出沮喪和悲傷的感
　情；

＊當他感覺情緒不振時就假裝生病，或是假裝希望懷上孩
　子；

＊決不稱讚別的男人的優點，也決不指責那些犯了和自己男
　人同樣錯誤的人；

＊只要是他送給她的衣物，不管什麼都穿戴起來；

＊絕對不佩戴自己的珠寶首飾，而且，當他疼痛、有病、精
　神不振，或是由於不幸而痛苦時不要吃東西，和他一起哀
　悼和慟哭；

＊如果他碰巧要獨自離開這個國家，或者如果他被國王放逐
　出這個國家，表明希望能陪伴他一起去；表示在他死之後
　不想活下去的心願；

＊告訴他她生活的全部目標和希望就是和他結合在一起；

* 當他獲得了財富，或實現了某個心願，或當他從某種疾病或病痛中恢復過來時，提醒他先在上帝面前祈禱；
* 每天都要精心修飾自己；
* 和他在一起時不要太自由自在；
* 在歌聲中引用他的名字和他家人的名字；
* 將他的手放在她的腰、胸部和前額上，並感覺到他觸摸的愉快之後很快入睡；坐在他的膝蓋上並睡著；
* 希望懷一個他的孩子；希望不比他活得更長；
* 決不把他的秘密洩露給別人；
* 勸阻他忘掉誓約和齋戒，對他說「讓罪惡都讓我承擔吧」；
* 當不可能改變他的主意時，就和他一起遵從誓約和齋戒；
* 當她為誓約和齋戒的問題和他爭論起來時，告訴他即使是她也很難察覺他的遵守情況；
* 對她自己的財物和他的一視同仁，毫無差別；
* 沒有他的陪伴，決不獨自去公共集會，當他希望她一起去時就隨他前往；
* 樂於使用他原先用過的東西，很高興吃他剩下沒吃的食物；
* 崇拜他的家庭、他的氣質、他在藝術方面的造詣、他的學識、他的社會地位、他的膚色、他的祖國、他的朋友、他優良的品格、他的年齡以及他甜蜜的性情；

＊請求他唱歌，以及諸如此類的其它事情，假如他能做的
　話；

＊不管是恐懼、寒冷、炎熱還是狂風暴雨都前去看望他；

＊談論到另一個世界時則要說，即使是在那兒他也應做她的
　愛人；

＊隨他的喜好而調節自己的品味、地位和舉止；

＊遠離巫術；

＊持續不斷地與母親爭論有關和他在一起的問題，並且，當
　她母親強行將她帶到某個地方時，則要透過絕食等激烈手
　段傷害自己，或是表達沒有他即活不下去的願望；最後，
　透過代理人向他保證愛情堅貞如一；

　＊自己收錢，但決不與母親在金錢問題上發生任何爭吵。

　　當這個男人出去旅行時，她應該讓他發誓說會很快回
來，同時當他不在的時候，就把崇拜上帝的誓言拋在一邊，
並只佩戴那些吉祥幸運的飾物。假如到了預定的時間他仍然
未歸，她應該努力從各種預兆、人們的傳說以及行星、月亮
和恆星的位置中確定他返回的真實時間。在消遣的時候，或
在吉祥的夢裡，她應該說：「讓我很快就能和他在一起。」
此外，如果她感覺意氣消沉，或看到什麼不吉利的兆頭，她
應該舉行某些禮拜式以平息上帝的怒火。

　　當這個男人回家後，她應該崇拜卡瑪神，並經常給其它
神祇提供祭品。她的朋友會給她帶來一個裝滿水的罐子，她

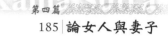

應該為烏鴉做個禮拜，是它吃掉了我們為死去親屬的毛髮而獻上的供奉物。當第一次禮拜結束後，她應該要求她的愛人也完成一定的禮拜儀式，他若充分被她所吸引住，就會照做不誤。

因此，當一個男人的愛情興味索然；當他視力所及範圍內的東西與他所心愛的完全一樣；當他對她絕對沒有一絲一毫的懷疑；當他和她在金錢上完全不分彼此時，就可以說這個男人是充分地被這個女人吸引住了。

這就是一個妓女與男人像妻子一樣生活在一起的方法，從這往下都是來自達塔卡原則的指導。

女人的愛情程度是不可知的，即使那些她們愛的對象也是如此。這是由她們感情的難以捉摸，由女性天生的機智而決定的。

女人的真實面目幾乎是不可知的，雖然她們會愛上男人，或是變得與男人形同路人，可能會給他們帶來歡樂，或是拋棄他們，或是榨乾他們所能擁有的全部財富。

6 媚道種種

雖然她可以透過自然的方法從他那裡得到一點錢,但她
若使用一下計謀,他會給她成倍的錢。

可用兩種方法從愛人那裡得到金錢:

一種是自然的也即合法的手段,另一種則是計謀。過去
的作者們都一致認為,若一個妓女能從她的愛人那裡得到她
想要的錢,她就不應該使用詭計。但是筏磋衍那卻宣稱,雖
然她可以透過自然的方法從他那裡得到一點錢,但她若使用
一下計謀,他會給她成倍的錢,所以,不論如何,為了從他
那兒弄到更多的錢,耍點花招是必要的。

可用來從她愛人處得到錢的各種技巧如下:

* 在各種情形下向他要錢,說是用來買各種各樣的東西,例
如首飾、食品、飲料、鮮花、香水和服裝,她要麼並不買
它們,要麼就是要的錢數遠遠超過其價值。

* 稱讚他的智慧更勝過他的相貌。

* 假裝十分樂於誓約、樹木、花園、寺廟或儲水池有關的慶
祝節日上獻禮。

* 假裝在正往他家去的路上,被國王的衛兵或強盜搶去了她
的珠寶。

＊宣稱由於大火，由於房子倒塌，或由於僕人的不當心而喪失了她的財產。

＊假裝她愛人的飾物和她自己的一起遺失了。

＊在去看他的時候，引他去聽別人述說她的花費。

＊為了她愛人的緣故而負債。

＊與她母親爭論某些為愛人而做的花費，而這些又是她母親所不贊成的。

＊不打算參加在她朋友們的家中舉辦的集會和慶祝節日，這是為了要送給她們禮物的緣故，在這之前，她早就告訴過愛人這些好朋友送給她的那些禮物是多麼值錢。

＊沒有完成某些節日典禮，其藉口是她沒錢辦下去了。

＊聘請藝術家們來為她愛人做些事。

＊為了得到某件東西而款待醫生和部長大臣。

＊在慶祝節日和不幸時都幫助朋友們和恩人。

＊完成家常的典禮。

＊不得不支付某個女性朋友兒子婚禮慶典上的花費。

＊在她懷孕的時候，不得不滿足她各種好奇的願望。

＊假裝病了，支付她的醫療費用。

＊必須解除某個朋友遇到的麻煩。

＊賣掉她自己的某些首飾，以送給她愛人一件禮物。

＊假裝要將某些首飾、家具或是烹調設備賣給一位商人。

＊不得不買比其它人更貴的烹調設備，這樣它們更容易識別，而且，也不會被次等貨色換去。

* 牢記她愛人從前的喜好，讓她的朋友們和追隨者們不停地
  提起它們。
* 告訴她的愛人其它妓女的高額收入。
* 當她愛人也在場的時候，在其它妓女面前描述自己的高額
  收入，並把它說成是比她們的還要多，雖然這可能根本不
  是實情。

＊當她母親努力說服她接納從前熟識的男人，其理由是可從
他們那兒獲得大量金錢時，要公開與其對立。

＊最後，向她愛人指出其競爭對手是多麼慷慨大方。

＊這些就是得到金錢的方法和手段。

　　一個女人，應該總是能從她愛人的脾氣、行為方式以及
臉色的變化上得知他對她的心理、感情以及所處地位的狀
態。

一個愛已衰退的愛人行為如下：

＊他給女人的東西要麼比她所要的少，要麼就是和她要求的
是完全不同的東西。

＊他用諾言使她充滿希望。

＊他假裝在做某件事，其實卻去做別的事。

＊他不滿足她的願望。

＊他忘記自己的諾言，或是做了一件和他許諾的完全不同的
事。

＊他與自己的僕女用一種神神秘秘的方式說話。

＊他假裝不得不為一個朋友做某件事，其實卻在別的屋子裡
睡覺。

＊最後，他與某個他從前熟識的女人隨從私下談話。

　　當妓女發現她愛人對她的感情發生了變化時，她應該在

他對她的意圖有所察覺之前，把他所有最好的東西都弄到
手，並讓一個假設的債權人強行把它們從她這兒拿走，其藉
口是要歸還某些債務。在這以後，如果愛人是個富翁，而且
他待她一直很好，她應該總是那麼尊敬地對待他；但是如果
他很窮，她就應該把他拋開，就像她從來就沒與他打過交道
一樣。

拋棄一個愛人的方法如下：

＊用不贊成和譴責的口吻敘述愛人的習慣和缺陷，同時嘴裡
　發出譏笑聲，腳跟敲擊著地面。
＊談論他不熟悉的話題。
＊對他的學識不表示讚賞，而加以指責。
＊打擊他的驕傲情緒。
＊請求學識和智慧都優於他的男人陪伴。
＊在所有情況下都顯示出對他的漠視。
＊指責與她愛人有同樣缺點的男人。
＊對他所使用的享樂方式和手段表示不滿。
＊不讓他親吻她的嘴。
＊拒絕讓他接近她身體私處。
＊對他的指甲和牙齒在她身上留下的傷痕顯示出厭惡。
＊當他擁抱她時，不緊緊貼住他。
＊在聚會的時候四肢一動不動。
＊在他疲勞時希望他能和她作樂。

＊嘲笑他對她的依戀。

＊不回應他的擁抱。

＊當他開始擁抱她時，轉過身去離開他。

＊假裝很睏倦。

＊當她察覺到他希望白天和她作樂時，就外出應酬交際。

＊曲解他的話。

＊無任何可笑之事時大笑，或者，當他鬧出什麼笑話時，找個藉口大笑。

＊不管他說什麼事，都斜眼看她的同伴，並且兩手交叉在胸前。

＊在他說話說一半時打斷他，並開始講另外的事。

＊反覆提起他的缺點和惡習，並斷定這些是不可救藥的。

＊對她的女性伴隨者說一些特意設計的話，以使她愛人的心跳加速。

＊當他走近她時，注意不要去看他。

＊向他要求他做不到的事。

＊最重要的是，最後把他趕出去。

　　妓女的職責包括：經過適當而又充分的考慮之後與合適的男人建立聯繫，吸引住與她結合在一起的人，從被她所吸引住的人那裡獲得財富，然後當她把他所有的東西都拿走之後就把他一腳踢開。

　　一個遵循這種方式的妓女，作為妻子的生活不會由於有太多愛人而產生麻煩，反而能得到大量的財富。

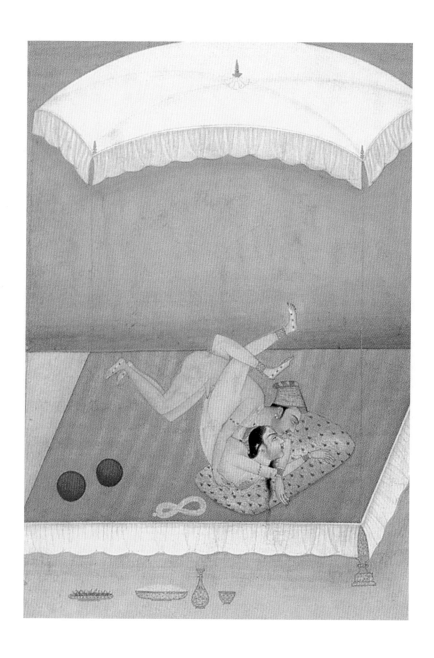

7 舊情的復合

舊情的復合要視男女雙方的情形仔細權衡，重歸於好是
值得嚮往的。

當一個妓女將她現任愛人的所有財產都榨光之後又拋棄
了他時，她這時候可以考慮與從前的某個愛人復合。但只有
在他又得到了新的財產，或他仍然很富裕，同時他還對她很
依戀的情況下，她才應該回到他身邊。並且，如果這個男人
現在正和某個別的女人生活在一起，那麼她在採取行動之前
應該仔細權衡。

這樣的一個男人只能是處於下列六種情況之一：

＊他可能根據自己的意願離開了第一個女人，甚至從那以後
　又離開過另一個女人。

＊他可能是被這兩個女人趕出來的。

＊他可能是根據一個女人的意願離開了她，又被另一個女人
　趕了出來。

＊他可能是根據自己的意願離開了一個女人，又和另一個女
　人生活在一起。

＊他可能是被一個女人趕了出來，又根據自己的意願離開了
　另一個女人。

* 他可能是被一個女人趕了出來，又可能和另一個女人生活
在一起。

　　如果這個男人是根據自己的意願離開了這兩個女人，那
麼不應該依賴他，因為他的心太反覆無常，也因為他對這兩
個女人的優點都無動於衷。

　　至於這個男人被兩個女人都趕出來這種情況，如果後一
個女人是因為可以從另外某個男人那裡得到更多的錢而趕走
他，那麼就應該去依附他，如果回到第一個女人身邊，他會
給她更多的錢，透過虛榮競賽來回擊另一個女人。但是，如
果他是因為貧窮或是吝嗇而被趕出來的，那麼就不能去依附
他。

　　在這個男人根據自己的意願離開了一個女人，又被另一
個女人趕走這種情況下，如果他同意回到前一個的身邊，並
預先給了她大量的錢，那麼就應該依附於他。

　　至於這個男人自願離開一個女人，現在又與另一個女人
住在一起這種情況，前者（希望再次與他相交應該首先查
明，在他離開她的最初一瞬間，他是否在希望著能從另一個
女人那裡找到某種特別出眾的地方，而且至今仍未找到任何
這種出眾之處；他正希望回到她身邊，並為了他的行為以及
他對她仍然保留的感情而給她很多的錢。

　　或者，當他在其他女人身上發現了許多缺點，他甚至會
在她身上發現比她實際具有的更多長處，並將會為了這些優

點而準備給她大量的錢。

或者，最後要考慮的是，他是否是一個天性刻薄之人，是否是一個喜歡享受很多女人的人，是否是一個喜歡窮女人的人，是否是一個從不為與他在一起的女人做任何事情的人。對所有這些事情都考慮成熟之後，她應該根據情況決定是否依附於他。

至於這個男人被一個女人趕走，又自願離開了另一個女人這種情況，前一個女人（希望與他復合）應該首先查明，他是否仍然對她有感情，並願意在她身上花大量的錢；或者，他是否還為她出類拔萃的才智所吸引，從而對任何別的女人都不感興趣一或者，是否從前她把他趕出去的時候，他的性要求還沒有得到完全的滿足，他希望能從她身上得回來，這樣就能對給他造成的傷害實行報復，他是否希望能使她從心裡對他產生信任，然後把她從前從他那兒拿走的財產重新奪回來，最終給她造成毀滅，或者他是否希望使她和她現在的愛人決裂，然後他也從她這兒分裂出去。在考慮了所有這些事情之後，如果她認為他的願望是真誠純潔的，她就可以和他復合。但是，如果他的腦子裡全部充滿了罪惡的打算，那麼就應該迴避他。

對這個男人被一個女人趕出去，現在正和另一個女人住在一起這種情況，如果這個男人主動提出願意回到第一個身邊，這個妓女在採取行動前應該仔細考慮。當另一個女人正忙於把他牢牢吸引住的時候，她這方面應該努力（透過隱藏

在幕後）完全得到他，當然這是基於下述考慮之一；他是被不公正地趕走的，沒有什麼適當的理由，現在他到另一個女人那裡去了，我必須盡一切努力把他奪回來。

一旦他和我再次交談，他就會離開另一個女人。

借助於前一個，可以打擊我現任愛人的驕傲情緒。

他變得富裕了，他升到了一個更高的位置，在國王手下掌握了權力。

他與他妻子分手了。

他現在獨立了。

他遠離他的父親或兄弟居住。

透過與他和解，我將可以抓住一個非常富裕的人，而這個人我現在的愛人嚴密防止著與我接近。

由於他妻子不尊重他，我現在有可能使他和他妻子分開。

這個男人的朋友愛上了我的競爭對手，該對手對我恨之入骨，因而我可以透過這個辦法將這個朋友與他的愛人分開。

最後，透過把他帶回到我身邊，我又給他增加了不信任度，因為這顯示出了他感情的無常善變。

當一個妓女決心要與從前的愛人重新結交時，她的密友和其他僕人應該告訴他，原先把他從她家裡驅逐出去是由於她媽媽從中使壞；那時她愛他就如從前一樣，但由於不得不服從母親的意志而無法制止事情的發生；她憎恨與現任愛人

的結合，而且極度不喜歡他。除此之外，他們還應設法使他產生信任，告訴他她原來有多愛他，應該暗示給他她一直牢記著過去愛情的深刻印象。她的愛的印象應該與他過去給她帶來的某種快樂有關，如他親吻她的方法，或與她結合的方式。

這就結束了關於與從前愛人復合的方法的討論。

當一個女人必須在兩個愛人（一個原先曾和她結合在一起過，而另一個是個陌生人）之中進行選擇時，先哲們的意見都是偏向第一個，因為透過原先仔細的觀察已經熟知他的性情和特點，可以很容易地使他高興和滿足；但筏蹉衍那則認為，原來的愛人已經花掉了很多財產，他不能或是不願再給很多錢，因此，他不像陌生人那麼可靠。然而，考慮到男人的不同性格，有時會有違反這條基本原則的特殊情況出現。

與從前的愛人重歸於好可能是值得嚮往的，這樣就可以將某個特別的女人與某個特別的男人分開，或將某個特別的男人與某個特別的女人分開，或者將對現在的愛人產生一定的影響。

當一個男人過於迷戀一個女人時，他害怕她去和別的男人接觸；因此他不再計較、或者是不再注意到她的過失。由於害怕她會離開他，他會給她很多錢。

　　一個妓女，應該使迷戀於她的男人感到快意，而鄙視對她毫不在意的男人。如果當她和一個男人生活在一起的時候，另一個別的男人又派過來一個使者找她，她可以拒絕聽他那邊的任何協商談判，或者給他指定一個拜訪她的特別時間。但她不應該離開那個可以和她生活在一起並且迷戀著她的男人。

　　一個聰明的女人，只有在她感覺到與從前愛人的重拾舊情，其結果極可能是令她滿意的好運氣、收益、愛情和友誼的時候，她才應該與他復合。

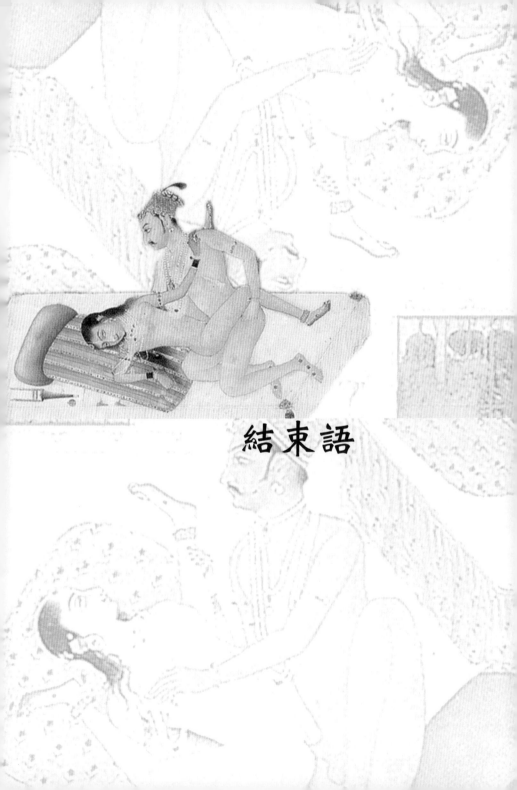

結束語

在書中我們將會發現一些奇妙的處方。它們中有許多像書本一樣屬於基本的東西。但在同一性質的後起著作中，這些處方和竅門看起來有所增加，無論是數量還是質量。

＊催化女子感情的爆發
＊延遲男子高潮的到來
＊激發愛慾
＊使男性性器官大而厚，健壯而有力，堅硬而躍躍欲試
＊使女性陰道窄而緊
＊使女性性器官香飄四溢
＊除去體毛
＊調理月經，使趨正常
＊治療月經紊亂
＊清潔子宮
＊引發懷孕
＊預防流產和其他意外
＊做些輕微勞動，準備分挽
＊限制生育
＊生髮、美髮
＊使頭髮黑漆油亮
＊使頭髮白如霜雪
＊使頭髮再生
＊清潔面部，去除皮診和雀斑

＊使黑皮膚增白

＊使女子乳房增大

＊使下垂的乳房提起、堅挺

＊給皮膚抹上香水

＊消除呼吸時的惡臭

＊沐浴後給身體塗油

＊使呼吸時的氣味令人愉悅

＊用春藥和符咒獲取令人魅惑的力量，征服男男女女

＊使女子吸引和保持她丈夫的愛

＊誘使他人傾心相從

＊春藥丸和其他符咒

＊媚香、燻煙

＊具有媚人力量的魔詩

現在有一句話是給關於本書作者優秀、老而彌精的筏蹉

衍那的：那就是我們更多地遺憾，對筏蹉衍那的生活一無所知，有關他的一切，他的生活背景是怎樣的呢？他寫道，當他引導宗教學生的生活（可能在貝拿勒斯），把全部精力投入到神的冥思時，他寫作了本書。他必須攀上時代的台階，把自己的經驗毫無保留地告訴世人。他的觀點帶著時代的印記，已不是青年的不成熟見解。的確，他的著作年輕人幾乎是不可能寫出來的。

在基督教的、吠陀經的優美詩文中，經常討論到寧靜的死亡。他們不再勞作，停下來休息，而他們的勞動成果卻長存於世，是的，天才的著作比人更長壽，像永久的寶藏保存下來。雖然關於肉體和心靈的不朽仍有很多爭論，但沒有人能否認天才的不朽，它像引航的明星給後世掙扎的人類指引方向。本書經受了幾個世紀的考驗，使筏蹉衍那立於不朽者的行列。

We// 沃爾文化

書名：**印度心愛經**

姓名：＿＿＿＿＿＿＿＿ 性別：＿＿＿＿＿＿ 出生日期：＿＿＿年＿＿＿月＿＿＿日

地址：＿＿＿＿＿＿＿＿＿＿＿＿＿＿＿＿＿＿＿＿＿＿＿＿＿＿＿＿＿＿

＿＿＿＿＿ 學歷：1.小學 2.國中 3.高中 4.大專 5.研究所以上

＿＿＿＿＿ 職業：1.學生 2.公務、軍警 3.家管 4.服務業 5.金融業 6.製造業

　　　　　7.資訊業 8.大眾傳播 9.自由業 10.農漁牧業 11.其他

＿＿＿＿＿ 購書地點：1.書店 2.書展 3.書報攤 4.郵購 5.其他＿＿＿＿

＿＿＿＿＿ 您從何處獲知本書：1.書店 2.報紙或雜誌廣告 3.報紙雜誌專欄

　　　　　4.親友介紹 5.其他＿＿＿＿＿

＿＿＿＿＿ 您會購買本書的最大動機是（可複選）：1.封面漂亮 2.內容吸引人

　　　　　3.喜歡這個作者 4.對題材有興趣 5.喜歡本系列的書 6.其他＿＿＿＿

＿＿＿＿＿ 您最希望本系列推出哪一種內容的書籍（可複選）：

E-mail：＿＿＿＿＿＿＿＿＿＿＿＿＿＿＿＿＿＿＿＿＿＿＿＿＿＿＿

您對於本書的意見：

＿＿＿＿＿ 內容：1.非常滿意 2.滿意 3.普通 4.不滿意 5.非常不滿意

＿＿＿＿＿ 文字與美術編輯：1.非常滿意 2.滿意 3.普通 4.不滿意 5.非常不滿意

＿＿＿＿＿ 封面設計：1.非常滿意 2.滿意 3.普通 4.不滿意 5.非常不滿意

＿＿＿＿＿ 校對：1.非常滿意 2.滿意 3.普通 4.不滿意 5.非常不滿意

您寶貴的建議：＿＿＿＿＿＿＿＿＿＿＿＿＿＿＿＿＿＿＿＿＿＿＿＿